工商企管系列006

電腦工作者

滑鼠生涯轉轉彎

推薦序

一本有系統的SOHO工具書

有時與一些網友閒聊時，他們都說到，早上起床或者到學校、公司，第一件事就是上網。一天不上網，就好像有甚麼事沒做，一切都變得不對勁。我並不是要強調網際網路有多重要，而是事實上它已經成為我們生活的一部份。更重要的是，很多人因為網際網路，而產生「自行創業」的想法，或加入資訊SOHO族。

最近，有好幾次和朋友談天時，都聽見有人說，他有很棒的點子，打算找幾個人一起開家公司創業；或告訴我，他可以在家接案子（新浪網在有需要的情況之下，的確也找人做些案子）；另外，更有人說自己對網路內容有很棒的構想，一旦做出來之後，就會很多人看，接著就可以開始收廣告費用，如何如何。大家都想做，但重點是如何做？尤其，時下許多同業都同意「網際網路的入門門檻很低，誰都可以做，但成功的門檻相當的高。」

我在加入新浪網之前，曾在HP及Lotus服務，後來出國，也創業過，做進出

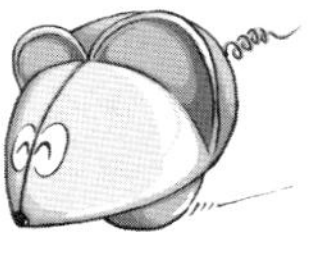

口生意與蓋房子（奇怪吧？），所以我很能體會創業朋友的甘與苦，而每當我想到自己過去創業的那段時間，就會升起一絲永不被抹滅的成就感。因此，當潔予告訴我她要出《電腦工作者——滑鼠生涯轉轉彎》時，我覺得非常好。因為她的工作性質，接觸了很多相關工作者，藉由這個機會將它整理出來，讓有志走上資訊SOHO族之路的人，能夠在書架上尋得一個實實在在的好工具。

依我個人的經驗，一旦下定決心成為SOHO族，一定要先調適自己的心態，了解自己究竟追求的是什麼，訂好目標後，接下來就是努力達成它。在《電腦工作者——滑鼠生涯轉轉彎》中，你可以看到資訊SOHO族的創業要點很有系統條理的被整理出來，讀者的思考空間也能藉由這本書而擴大。

潔予，加油！期盼你能再提供更多對大夥有幫助的書，我也相信藉由筆耕你會接觸與認識更多的知音與朋友，我們不是就這樣認識的嗎？

，Albert.

新浪網台灣分公司總經理

推薦序

看本書，提昇你的SOHO智商

從開始進入職場至今，有「相當長」的時間是當個「自雇勞工」。唉呀，這樣一說就當場暴露了自個兒不再年輕的事實，不過在這世紀末，也已經不與「自雇勞工」這名詞，應該說我們是蘇活一族！

目前臺灣書市上，專門以臺灣本土現在正從事資訊SOHO業者為深入訪談對象的類似書籍少得可憐，但潔予能以平時工作上的採訪經驗，集結成這一本資料分析詳實的作品，使得《電腦工作者——滑鼠生涯轉轉彎》成為想踏進資訊SOHO業的你，在加入這個行列前不可錯過的參考書。

從潔予的心血結晶中看得出來，要成為SOHO族必需擁有的一個條件：不只要有兩把刷子，刷子更是要越多越好！與潔予認識，就是透過同行的姐姐介紹，雖然我們平時工作起來極少交集，甚至可說是十萬八千里，但是我們的聯絡卻沒有阻礙，就是因為我們透過網際網路或電子郵件，做線上的即時溝通與文件傳送。瞧！又是一個善用資訊

科技SOHO族的好樣！正印證了要成為SOHO族相當重要的一點：人面夠寬才能無所不能。

看過潔子的書，我不禁想舉一個我自己的例子，在成為音樂工作者的第二年差點把自己拍賣給豬肉販子！就是因為當時不知道勞務報酬的所得稅應該如何計算，沒有預備資金付稅金。類似這樣的零碎雜務不是外人所能通盤瞭解的，但在《電腦工作者——滑鼠生涯轉轉彎》中，潔子詳細地把資訊SOHO工作者可能遭遇的問題一一提出，並且以先聖先賢的慘痛經驗提供參考，相當具有實用價值。

如果你也認為「知識」是構成SOHO工作者最主要的特質，那錯過這本書就等於藐視自己的智商！真心推薦《電腦工作者——滑鼠生涯轉轉彎》，同時也歡迎你加入SOHO一族。

歌手、線上捷遞股份有限公司負責人、元智大學資訊碩士候選人

電腦工作者 滑鼠生涯轉轉彎

自序

完成這本書的過程中，最大的樂趣在於認識許多好人，也就是每一位在書中接受採訪的資訊SOHO工作者，從一開始能夠耐著性子看完一封莫名其妙的E-Mail，到後來他們面對陌生女子的知無不言、言無不盡，可見資訊SOHO朋友們的寬容度及包容力，沒有他們不可能有這本書的完成，再次感謝！

要進入SOHO業，其實就像參加一場賭局，雖然失敗不至於搞得身敗名裂，但時間及體力的耗損卻是無以計數的。而《電腦工作者——滑鼠生涯轉轉彎》這本書，旨在提醒剛出社會的新鮮人，或社會經驗豐富且計劃轉型的上班族，要加入這一行，你手中有哪些現成的籌碼，以及應該具備哪些能力才能成為一名優秀的資訊SOHO人。

在深入了解資訊SOHO族的真實工作狀況前，總以為他們工作得愜意似神仙，想工作就工作，想休息就休息，後來才明白這完全是「無知帶來的錯覺」，但是他們為什麼仍能樂在其中，甚至聽不到有一個人在抱怨自己的工作呢？這的確勾動了一名媒體工作者的深深好奇，於是試著從他們的敘述中感受他們的喜樂及韌性，而經過「反芻」後的結果就呈現在書中，希望能與你一起分享。

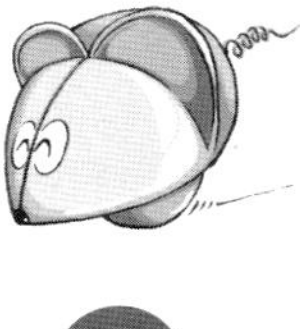

目錄

目錄

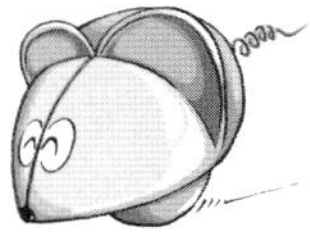

第一章

在家上班——世紀末的工作新浪潮

常想生在這個年代，真好，
能目睹工作型態的改變，
甚至可以親身為之，
而且看著前輩們的經驗，
讓自己不再那麼徬徨。

在凡事講求效率的美國，很早就有在家工作者的存在，加上近年來美國總統柯林頓一直推行家庭網路化，他就是期望藉著光纖網路伸展到各個角落，讓民眾不但不必大老遠開著車到幾哩之外的公家機關，就近在住家附近設立的公務站辦理公務，甚至坐在家中，就能用自己的個人電腦辦公或與外界溝通，省下許多不必浪費的時間，讓自己的腦子及精力用到更恰當的地方。這個構想加速了在家上班者的人數，而且為了給這群走在潮流尖端的工作者們一個統稱，SOHO（Small Office, Home Office，中文翻作蘇活族）一詞於是出現。

在國內，有些外商公司或資訊公司也漸漸推行部份員工在家上班制度，例如臺灣的惠普科技就在民國八十七年五月份，試辦在家上班制，雖然只有少數專業人員參與這項新鮮的試驗，但這確實是該公司在推行彈性上班及部份工時制多年後，更進一步的大膽做法。

以公司或企業的角度來看，不論是員工在家工作，或資訊SOHO族增加絕對是好事一樁，因為實行成功後，公司能節省大筆辦公成本；至於員工也可省下交通成本，以及耗損在車陣往返中無法折算的精神成本。

五、六年前，臺灣還沒現在這麼多的SOHO工作者，主要是因為電訊器材還不如今日

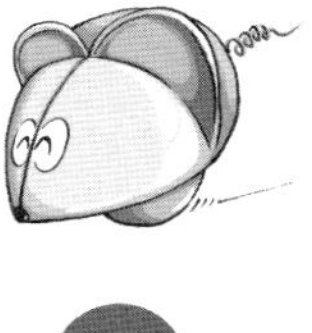

這麼精良，風氣也未開，但是隨著電子郵件及電傳器材漸漸成為家庭的必備用品，在家工作就不再那麼遙不可及，因此當你困在會議室時，或因為設計理念不同而被上司大打官腔時，你的心中不免有一種乾脆自己當老闆的衝動，加入SOHO行列的念頭也越來越明顯。

但是同時心中又不禁有另一種聲音響起……作為一名資訊SOHO族是否真的如想像中那麼逍遙？真的是賺多少就花多少，一點都不用操心「錢」的問題？資訊SOHO是否有難以跨越的門檻？這本書不僅僅希望能在你踏上資訊SOHO路之前，提供最真實的狀況使你洞燭機先；也從多位本地第一代的資訊SOHO工作者過去挑戰未知所累積出的經驗，及他們如何在獨立作業的環境中做取捨，從而財源廣進，讓你在SOHO生涯中有些心理準備。

進入電腦SOHO之門

備忘錄

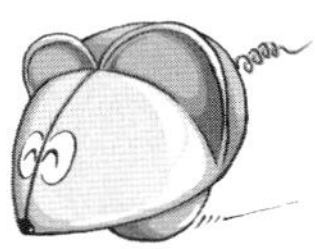

第二章

了解自己進入SOHO市場的利基——附自我檢測表

上班族轉業有上班族轉業的優勢，
社會新鮮人也有社會新鮮人的本錢，
只有先清楚自己那方面需要加強後，
才有努力的目標。

第一節　各路好漢搶做資訊SOHO！

雖然臺灣地狹人稠，但教育水準高，相當適合發展各種資訊產業，當然，政府也看準這條路，許下宏願朝資訊島的目標飛奔，而資訊產業求新求變的本質，加上臺灣的科技公司一家接一家的成立，科學園區一個接一個的規劃，資訊業，成了金飯碗，深深吸引著許多莘莘學子，在人生的三叉路口選擇走上這條「康莊大道」。

近十年來，電腦以它優異的性能切入各個行業成為不可或缺的工具，相對之下想成為資訊SOHO的你是不是資訊科系出身，變得不再重要，因為，只要你想得到的應用軟體，都早有人先一步設計出來，不怕你用，就怕你不知道。原來學傳統工業設計的社會新鮮人，可以成為網頁設計師；熱愛音樂的資訊科系畢業生，最後也可以成為優秀的電腦錄音混音師；如果你本來就主修資訊科學，只要找到自己的興趣，也可從設計網站的SOHO起步，做到經營上市公司的企業家。也就是說，在以電腦為輔的現代職場中，行業與行業之間舊有的疆

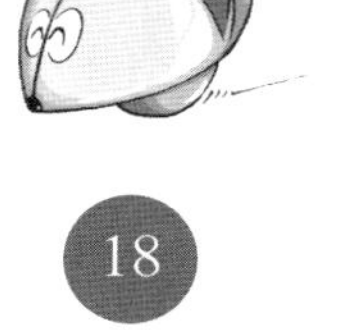

界已不復存在，凡是抓到市場利基的人，都有可能在各行各業中闖出一片天，所以投入資訊SOHO行列是能夠預見無限的發展可能。

進入資訊SOHO領域的大門大開，所以無論是剛從學校畢業的初生之犢，或在社會闖蕩過一些時日的社會老鳥都有機會一顯身手，觀察當下在這領域中的組成人口，社會新鮮人及上班族轉型確實是主力。

因為許多新生代從小在電腦的陪伴下長大，對電腦操作十分熟悉，他們的思考模式也接近電腦邏輯，技術絕對可以勝任；至於想加入的上班族，則是具備了豐富的工作經驗，在社會上的人脈也比較多，這些優勢往往也讓轉型的上班族事半功倍。將兩者分別具備的優勢列出來，在相互比照下我們會發現，雙方可以藉核視對方的優勢，作為加強自己能力的參考，首先列出的是兩者均需具備的基本能力，再分別針對社會新鮮人及上班族提出各自的優勢以及能力檢測表。

一、資訊SOHO族的基本能力

不論你是社會新鮮人還是上班族，都需要在開業前確定自己是否具備下列三項基本能力，請你藉著下表勾選出自己的基本能力。如果你對其中一項沒有把握，建議你，試試坊間所開的一些課程，同時多留意報章雜誌，因為多吸收新知有助於你的判斷力，也能間接增加你接受冒險的勇氣。

■是否善於與人溝通？

這一點決定了你適不適合出來自行創業！若你不善於與人溝通，在沒有業務人員的情況下，你如何出門和客户談生意，只靠老顧客或固定客源是不保險的做法，因為你永遠無法預知別人的營運狀況，除非你有「眼線」安插在老主顧的公司中。

■你有冒險的精神嗎？

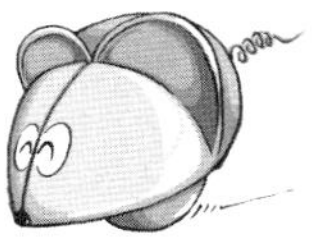

做任何生意都有風險，沒有冒險的精神，縱使你有一卡車的計畫也只是計畫，有了冒險的精神，你才能過關斬將！

■你對商機有敏銳的第六感及直覺嗎？

預感能讓你不錯失任何機會，因為一些蛛絲馬跡，背後可能隱藏著大大的商機！不可否認有人天生對做生意比較敏感，但是多聽、多看、多動腦，絕對對你培養直覺有正面的幫助，所謂「熟能生巧」就是最好的註腳。

二、社會新鮮人的本錢

新一代或是常說的Y世代（泛指七〇年代後期出生者）大多在資訊爆炸的環境中成長，他們通常反應快而且勇於嘗試，凡事先試了再說，但也就是在嘗試中找到了問題的解決辦法，這些是他們的優勢。

資策會教育處處長韓慧文依據多年的經驗及觀察，她認為要成為一名資訊SOHO族，「年紀輕」佔有很大的優勢，案子一進來或暴增時，沒日沒夜的工作變成家常便飯（雖然仍不鼓勵資訊SOHO朋友經常熬夜），而很現實的，「體力」讓年輕人佔盡優勢，因為他們就是撐得住。

不過，前面的優勢都是由環境或生理等無法自主的因素所造成，都有可能被其他有相同資格的人所取代，加上沒有社會經驗的你，很有可能無法承受挫折，或面臨思考不周全等等的阻礙，所以在踏入這個行業之前，先拿下列各問題檢視自己是否真的清楚資訊SOHO業，再確定自己能超越別人的優勢有哪些，自己勾選做個小測驗。

【社會新鮮人自我檢測表】

■ 你清楚資訊SOHO工作者辛苦的一面嗎？

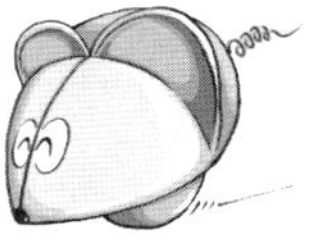

不知道！那麼這本書中將提供你不少活生生的例子，請你細細體會，事前認清真實面，要比事後花時間走冤枉路來得聰明多了。

■你是否有作品說服你的客户？

手邊沒有作品還想做生意？別開玩笑了！

■你能想見資訊發展將帶來機會嗎？

你最好舉幾個清楚的例子，不要只是人云亦云，那樣對自己都不具說服力。這一項可以測出你到底對這個行業的前景認識多少，也就是做好確立自己目標的功夫，而且即使你只打算在資訊SOHO業中做個過客，也要釐清這段經驗會為你的生涯帶來什麼附加價值。

■你明白如何籌措資金？

籌措資金的方法很多種，向銀行貸款、互助會、找合夥人，或借重創投基金，但哪一種籌措方式最穩當，必需先衡量自身狀況，詳細評估後再審慎的集資，本書中也將專篇為你提供具體建議。

■你知道如何分配及管理資金？

籌資完成後，如何管理又是另一門大學問，如果你自認不是理財高手，那麼你找得到理財顧問」嗎？不少資訊SOHO工作者的男、女朋友或家人，都是最佳的人選，而你呢？

■你懂得如何經營一家公司？

不管你工作室的規模大小，你就是一位實際的負責人，做一位老闆，比在學校當社團的社長困難得多，更何況你的公司還是一人公司，所有流程都要盡可能的事先規劃妥當。如果你選擇合夥經營，彼此就得先「約法三章」，講明職責或拆帳方式，日後才不會反目成仇。

■你的專長在哪裡？

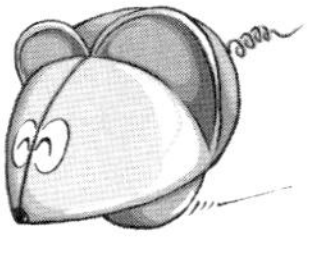

做生意最怕大小通吃，因為濫接案子的後果，不但會把自己累得半死，影響你成品的品質，也使你看起來一點也不專業！

■你能承受壓力？

一件事成不成，與你能承受壓力的程度很有關係，如果你是習慣向壓力投降的人，要做資訊SOHO？恐怕還要再想想！因為抗壓力低會使你的偉大計畫大打折扣，對策是找出一個適合自己的降壓方法，如果做不到這一點，勸你不如及早打住，減少時間及金錢上的浪費。

【新人類用心創業】

創業的成果不是幾個月或一年當中就能看到的，如果你抱著玩票心理，那麼以資訊SOHO為創業起步的成果絕對有限，許多成功創業者的特質都是一投入工作就不感覺累，反而對工作中的點點滴滴都甘之如飴，社會新鮮人或許還要一段時間的歷練才能領會這份「樂在工作」的樂趣，但只要你是位有「心」人，選擇資訊SOHO為創業起點應該不是個高難度的挑戰。

三、中年轉型的籌碼

有不少中年轉業的上班族，也想做一名資訊SOHO族，難道就不適合了嗎？當然不，因為你們擁有的社會資源及經驗是後生晚輩所不及的，只要你認識自己，找到你擁有最多籌碼的市場切入，你的業績不會比年輕人差，說不一定這次的出走，會成為你職業生涯的第二春！

上班族在轉型前想知道自己究竟適不適合自立門戶？以下檢視清單供你參考，檢視以後，你會了解成為一名SOHO工作者要先具備哪些條件，又為什麼這些條件如此重要，等你從中理出些頭緒後再開始行動也不遲。

【上班族轉型自我檢測表】

■你的人脈夠了嗎？

這裡說的人脈包括你準備投入的資訊SOHO類別裡，上、中、下游三個層面。上游的企業界，哪些企業會對資訊SOHO產生需求，你與這些企業間有沒有聯繫的管道，中游的同行，雖然他們是你的競爭對手，但他們更有可能給你最新的業內資訊，還有能做你救火隊的下游小包，你是不是都有著落了？不要事到臨頭才忙著到處求人幫忙，那就有點晚囉！

■你可以掌握最新專業知識的資源在何處？

你不能再倚賴屬下替你收集資訊，因此你必須知道資料來源，例如，相關資訊的網站位址或相關圖書館，別看這些事小，長久不做基層工作的資深人員反而就是將時間浪費在這些項目上。

■家人是否支持？

你的個性真的適合獨自工作嗎，問問你的親朋好友吧！他們或許能給你一些客觀的意見。此外，如果你是很在乎家人的人，恐怕要先詢問家人的意見，尤其是同住的長者，他們通常不明瞭在家工作的好處而心生懷疑，所以往往需要花些時間先與他們溝通，即使你已經是成年人，這個動作往往省不得。

■你準備好放下身段了嗎？

因為非常有可能要親自出馬與錙銖必較的客户直接溝通，有時候工作執行本身不是最麻煩的事，反而是與顧客之間的溝通才真正讓人感到沮喪。不過，從另一個角度來看，解開了從前在公司的繁文縟節，或許在資訊SOHO的生涯裡，你會有更多的收穫。

■你真的願意凡事自己打點？

成為SOHO，意味著你將回到剛離開學校時，多數時間花在執行一些瑣碎又單調的原

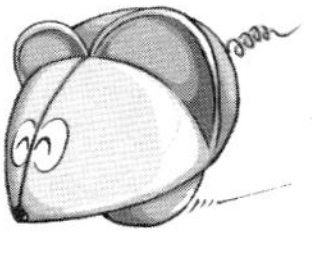

點上，你真的願意嗎？雖然這不意味著資訊SOHO族的工作中百分之百是瑣事，但肯定無法逃過這一「劫」，畢竟成就一個理想的過程總是有甘有苦。

■你的體力能應付事必躬親的工作環境嗎？

這是一個很現實的問題，如果你確定成為一名資訊SOHO是你的夢想，那你不妨空出些時間運動運動，為「一夫當關」的新職業生涯做些準備。

【上班族轉業戰戰兢兢】

面對職業生涯的全新起步，打算自己打理事業的上班族，一方面覺得這是一種解脫，另一方面難免也抱著背水一戰的決心，根據過來人的建議，你不要給自己太大的壓力，但求盡力而為或許是比較穩當的作法，因為在過重的壓力之下，你的表現可能會打折扣。

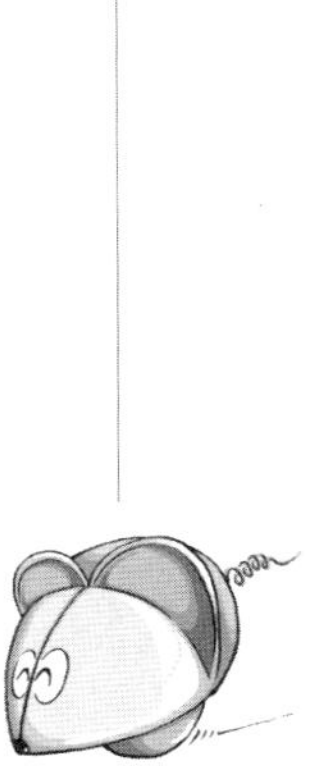

第二節　你有哪些選擇？

社會新鮮人在學校裡接case磨練自己的本事或與實務界多多接觸，上班族從公司提供的資源或發展方向中看出未來的市場需求，都可以讓你逐漸抓到切入資訊SOHO族的市場利基，有人選擇當下炙手可熱的多媒體程式設計為經營重點，也有人選擇未來個人電腦更加普及後，越來越多用戶需要的硬體維修市場。

雖然絕大部份的資訊SOHO族是腳踢南山猛虎，拳打北海蛟龍，因為他們往往在設計網頁之外，還兼寫軟體程式；或寫完軟體程式，還偶爾充當社區內鄰居的個人電腦醫生，十足的全能超人。但是依著資訊SOHO工作者個人選擇的發展方向比重或業務量多寡的不同，SOHO族大致可分為網頁設計、電子商務行銷企劃、多媒體程式設計及電腦繪圖、應用軟體設計，及硬體維修五大類。

一、資訊SOHO族的發展遠景

臺灣資訊產業及上網設備普及率飛升，一九九七年的市內電話普及率為百分之五十，個人電腦普及率是一百人中就有十二．八台，網路人口滲透率已達總人口數二千一百七十萬人的一二%，網際網路已經具有第四媒體的架勢，緊追在廣播、電視及有線電視之後。

由於趨勢使然，政府在九七年開始全面推動國家資訊基礎建設（NII, National Information Infrastructure），其目標訂在網路費用下降、增加網路頻寬以強化資訊傳輸的穩定性，以及滿足消費者對網路資訊來源多元化的要求，再加上低價電腦時代終將到來，不久以後網路上流通的資訊更豐富，電子商務交易也更活絡，這些不久之後即將浮現的美景，都是加入資訊SOHO族的利基。

◎網頁設計SOHO的遠景與市場

未來更多人上網是不爭的事實。此外政府為了追求精簡組織，也勢必要借重網路，報稅是政府過去叫得最響的網路應用，其他各層級處室或單位的表格及公文傳遞，也少不了網路傳輸發揮的餘地。

不僅政府脫離不了倚重網路的宿命，企業更是老早看準網路應用，藉網頁做行銷已蔚為風尚，不單製造商看重，連廣告公司、傳播媒體、投資法人、銀行都對網頁的力量深深著迷，因此對網路設計SOHO來說，遍地都是黃金！

無論是詳細的產品型錄、實用證明或目錄等，所有買方想得到的資訊，都可以借文字、圖片、影像直接打入顧客的眼中，不僅降低公司的成本，再說網路上的資訊流通幾乎沒有辦法限制，就連最頑強的中共都害怕「資本主義」透過網際網路打進每個角落的威力，如此強勢的宣傳方式，企業界絕對不會棄之不用，而資訊SOHO的市場需求自然會跟著水漲船高。

表二～一　目前網路設計SOHO的利基市場

利基1. 公司行號對網路軟體行銷測試及更新的需求
利基2. 企業或機關對網路教育訓練的需求
利基3. 機關與民眾間的網路溝通
利基4. 各類網路執行企劃
利基5. 網路設置技術諮詢

資料來源：資策會　資料整理：王潔予

◎電子商務行銷企劃SOHO的遠景與市場

波士頓大學企管研究所教授瑪麗・克隆尼根據其在資訊管理領域中累積了二十年的經驗，曾在自己的書中表示，一個城鎮只要有百萬人口，就絕對有娛樂及資訊上的需求，而且所帶來商機的誘人程度超乎我們想像！

國際間的網際網路發展一日千里，據統計到了西元二○○二年，全球透過網際網路完成的交易金額，將達到四千億美金。以網路生意起家的各大公司，無不戰戰兢兢的經營，因為不拉大自己與其他後起之秀的距離，很容易就被超過，再說網路發展不等人，先卡位者就是贏家！知道了這個特點，還在徬徨的你不妨加快腳步，在資訊SOHO行業需要的本職學能上加把勁，才能趁著這波浪頭，完成自己的理想。

臺灣現在已經有的電子商務內容，除了網路上的交易外，還包括政府提供的各項電子化服務、跨企業針對電子商務的共同研發，此外，對發展電子商務最積極的銀行也會是資訊SOHO工作者的大客户之一。

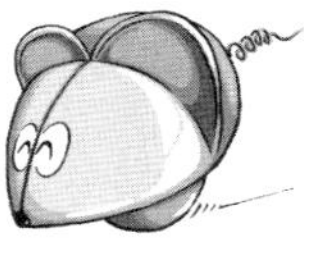

表二～二　目前電子商務SOHO的利基市場

利基項目	工作內容
線上購物	PC軟硬體及週邊設備、圖書、唱片、訂票、旅遊、購物中心及線上出版
搜索引擎	城市指南
線上金融	網路銀行及股市網路下單
其他	線上教學與訓練、網路廣告、提供線上搜尋的資料庫及目錄管理、企業界的電子商務企劃設計及諮詢

資料整理：王潔予

◎多媒體設計SOHO的遠景與市場

隨著一般大眾對接受資訊時，聲光效果要求的日益增加，尤其新興一代就是在MTV、網站的陪伴下長大，如果聲光效果稍差，他們可能視而不見或乾脆相應不理，於是想做他們生意的商人都會絞盡腦汁，在自家電子宣傳品上追求變化與影音雙料效果。在其他多媒體發展先進的國家，多媒體的應用已無所不在，反觀臺灣的發展空間還大著呢！

一個應用了多媒體技術的畫面中包含了動畫視訊、音訊、影像、繪圖、文本等，如果你的興趣或目前從事相關的工作已經與上述範圍相關，如：美工、商業設計、漫畫、出版、廣告、攝影、音效合成，或錄音等等，你就比一般人多了些基礎。

臺灣最常見的多媒體應用就是多媒體光碟，尤其是教學用光碟，目前使用教學光碟最多的是學齡前後孩童，藉多媒體學習英文、數學、注音符號，或電腦，還記得在民國八十四年台北電腦展首次以多媒體教學光碟為主題時，現場的學童無不競相試用出神入化的新鮮玩意，而這股熱潮延燒至今仍持續不退。

其他的多媒體應用也很多，如：遊戲、股票試算等，未來光碟將不只是熱潮，而是生活的一部份。以現今應用最廣的教學光碟來說，它的對象不僅是兒童，更可以是成人，所以說它是資訊市場中的一塊大餅，一點也不誇張，成人藉它學習外文、如何操作股票、做菜、如何駕駛飛機……。除了光碟藉多媒體發光發熱外，其他還有多項資訊SOHO族可以一試的多媒體利基市場。

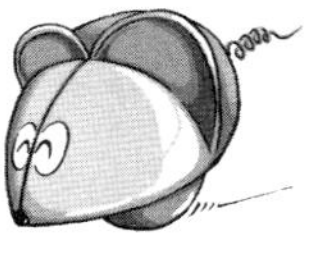

表二～三　目前多媒體應用ＳＯＨＯ的利基市場一覽表

項目	工作內容分析
產品型錄	不同以往的平面型錄，以多媒體呈現的型錄，甚至有專人為你解說產品的優點及如何使用。未來各類產業都有可能製作自家的電子型錄，沒有電腦資訊部門的公司就很可能將計畫外包給資訊ＳＯＨＯ族。
網路購物	不久的將來，現實生活中的一切都會「搬上螢幕」，因為有了3D設計，藉由網路上的動態畫面，就像真的走上街一樣，逛到哪就買到哪，點一下滑鼠就知道你想購買物品的價錢，也可以立刻下單購買。
房地產買賣	以往必需貨比三家的房地產買賣，也可以省去「行腳」般的四處比價，只要在電腦上調閱房屋仲介商建立的資料，就可以在上面看到房子的實際狀況。
網路圖書館、百科全書及出版品	有了多媒體，很多大部頭書籍都能儲存在光碟裡，搭配著輕巧的筆記型電腦，或日後可能發展出的口袋型電腦，隨身攜帶，沒有時間及空間上的限制，所以日後在飛機上或旅程中都可以看到自己喜愛的小說，而不覺得旅程的枯燥無聊。

圖書電子化及圖像化	傳統的出版業如果不朝電子化的方向應變，將難敵以多媒體包裝的電子書店，連老字號的新學友都在積極的規劃，出版電子光碟書籍及網上電子書訊的可能性，但由於這類公司內部並沒有相關的多媒體設計人才，勢必要對外求才，這對資訊ＳＯＨＯ族就是一個商機，類似的企業需求還很多。
數位報紙	利用數位化資料庫儲存大量過往新聞，只要讀者想知道某則新聞的來龍去脈，只要點一下，立刻連結到要看的部分，其實現在的電子報已經有了初步的規模。
互動式廣告	不同於過去單面向投射的廣告，經過多媒體仙棒點過的明日廣告，將是為消費者量身訂做的個人化廣告，效果更明顯，預期會受到產業界的歡迎。
醫學教育模擬	在美國華盛頓大學就與HIT實驗室合作了一具高解像度的模擬實體以供學生解剖。不過，這類的教學工具一定要具有醫學知識或背景的資訊ＳＯＨＯ工作者來設計，否則成品無法切中應用者的需要，因此，資訊ＳＯＨＯ族不只是科班出身者的擅場。
遠距教學	遠距教學愈來愈流行，但需有一個能讓學生與校方互動的多媒體設計，才能將在家學習的成果，達到臻於完滿的境界，有經驗的資訊ＳＯＨＯ族認為臺灣還有很大的發展空間。

資料整理：王潔予

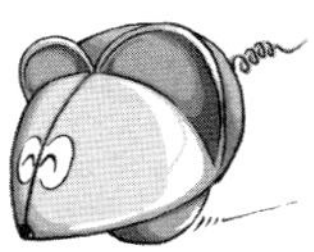

光是多媒體就有這麼多讓資訊從業人員發揮的空間，相對而言，這麼多的機會，你準備好了沒？一個好的多媒體設計SOHO工作者，不只是將畫面及文字改成電腦語言，使之立體化而已，更要將其與讀者間的互動建立起來，例如教學光碟，你是否能設計出好的互動模式，讓學生可以藉電腦做自我測驗，進而自我評量，充分發揮教學光碟存在的意義。

如果你的技術只停留在更改電腦語言，那你的地位很容易被取代，任何人只要上過四個月的視覺化程式設計、3D立體動畫製作，或視像影像處理都可以處理相同的工作，但你要如何異軍突起，例如在作品中多加一些創意，就是你在立志做一名資訊SOHO族前要下功夫的地方。

但如果日後各行各業都必須具備一張「多媒體臉」面對消費者，所需要的人才就更多元化了，像專業的航空用或醫學用多媒體設計，一般的多媒體人才還設計不來呢！如果你想切入這類需要更多專業知識的多媒體設計領域，就得多花些時間鑽研囉！

◎應用軟體設計SOHO的利基市場

與多媒體相似，應用軟體設計同樣最適合擁有一項專業技術的你投身其中，資策會教育處處長韓慧文就認為，專業人員會比一般初學者更了解要在程式中加入什麼內容，來吸引更多讀者，進而達成或超過預計的效果。韓慧文就看過不少非本業或本科者，轉行到軟體設計發展成功的例子，所以各界人士只要有興趣都可以加入軟體設計的行列，韓慧文說：「軟體設計的門檻不高。」

軟體設計的種類已經從過去的系統軟體、即時反應軟體或工程及科學應用軟體，於一九九〇年擴展到以企業應用軟體，及組合軟體，也就是目前最熱門的繪圖及多媒體製作軟體為主。目前的應用軟體種類依用途分，大致有下列幾類：

1. 文書處理
2. 試算表
3. 資料庫
4. 繪圖

5.多媒體製作

6.簡報製作

製作多媒體軟體是眾人分工的結果，所以這樣一個製作群包含了這麼多的切入點，實在是身為資訊SOHO族或正在考慮成為資訊SOHO族的你，一個大顯身手的好機會！

一般人要獲得應用程式有兩個途徑，一是購買現成的套裝軟體，另一是單位或組織自行開發應用程式，從這上面看來兩者都是你的市場，因為在時間及成本的考量下，單位或組織就不可能自行研發，如果該組織或單位沒有資訊人才的編制，你就很有機會得到這塊大餅！

◎硬體維護SOHO的利基市場

一九九七年十月臺灣迪吉多與康柏合併，合併記者會上康柏總經理何薇玲坦承，合作的目的就是為了提供兩方客户更完整的售後服務，可見即使是大廠牌照樣看重維修市場的潛力，但資訊SOHO族有比大公司更高的機動性，一通電話馬上就到，大公司只有望之興嘆的份。

一般擁有個人電腦的散户在電腦或相關配備故障送修時的經驗多不是很美好，筆者就曾為了找不出印表機卡紙的原因，又是找經銷商，又找出產原廠，前者能修但是要客户自行送到車程約四十分鐘的店面，後者修是修了，只不過零件遭到丟三落四的命運，前後三次才真正算是完璧歸趙，真是精神上的虐待。

所以電腦硬體維修市場對機動性強的資訊SOHO工作者，是個很好的切入點，因為大公司多無法落實到府維修的服務，對電腦外行的用户自已將電腦拆開送到電腦公司，不僅增加電腦二度受損的機率，顧客還要等個二、三天，才能盼到電腦問題被解決，心裡一定是又急又嘔，所以到府維修必然有其投資的潛力。

一些大量使用電腦的單位或學校都需要硬體維修人才，資策會教育訓練處數百台的電腦維修就是倚靠資訊SOHO工作者，相信類似的組織或單位也都需要維修人才，因為在預算、人事編制或實際需求量上，這些單位往往不允許聘請一位全職的資訊維修人員，再加上目前大公司的維修人員也無法做到隨時stand by的地步，所以對資訊SOHO族的需求一定會持續下去。

做生意的人最喜歡看到人潮，因為有人斯有財也。而人口稠密的住宅區，不就是一處錢坑嗎？隨著個人電腦的價格節節下降，每一戶不只有一台個人電腦的現象正在靜靜形成，因此，對硬體維修的需求更是吃緊，去年初才在住家附近各社區發出服務訊息的石欽元，房間裡早已堆滿了待修的機器。

能修護個人電腦的資訊SOHO族，通常也代售電腦、組裝，及升級等業務，儘量提供客户一次購足的服務。過去十年國內廠商在研發及生產個人電腦上的努力，已使臺灣成為世界上最重要的PC生產地之一，可以想見，未來低價電腦普級到連阿媽都知道如何使用個人電腦時，今天看好硬體維修的你，日後肯定會有相當的業務成長空間。

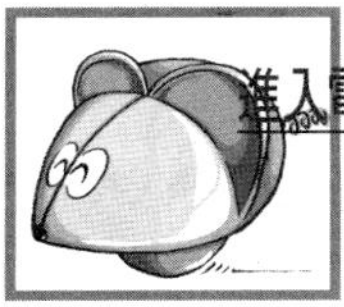

進入電腦SOHO之門

備忘錄

第二章

一路走來有甘有苦

有了興趣在背後支撐著，
許多資訊SOHO在面臨困難時照樣不改其志，
這是個人的堅持，
卻也透露出這個行業的迷人。

有人說「做一行怨一行」，是因為人在各個行業裡，就會清楚那個行業的佳境及困境，然而多數人怨是怨，但還是一步一腳印的繼續耕耘下去，資訊SOHO工作者雖然自己就是自己的老闆，照樣會出現類似的問題。

以下即將出場的資訊SOHO工作者大多數出道在五年以上，他們有個不約而同的認知，那就是「即使到了今天，都還偶爾會有經驗無法解決的問題發生。」不管是哪一類的資訊SOHO工作者，不僅專業技能要強，十八般武藝多少都必須會一點，因為工作中不但會面臨到一般專業上的障礙，各類的資訊SOHO族多有屬於各類別中獨有的「狀況」要應付。

第一節　資訊SOHO族檔案群像

當資深的資訊SOHO族前輩剛剛創業時，資訊SOHO在國內還算是新興的小眾，缺乏之前人帶路，想看些參考書，也無處可得，當時資訊缺乏得相當厲害，沒有經驗的他們是如

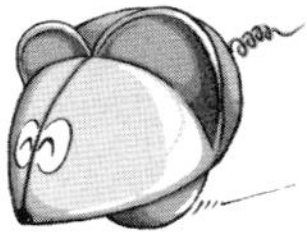

何單槍匹馬的談成第一次生意？還有因為電腦技術的專業度高，使得資訊SOHO工作者在提案及議價的過程中，常常面對客户鴨子聽雷的情況，這些資訊SOHO工作者是如何讓客户醍醐灌頂？資訊SOHO族提供的服務內容有別於其他類型的SOHO族，資訊SOHO與顧客間是什麼樣的互動關係？這些都將在這節及往後各章中為你介紹。

以下先提供幾則受訪者個人小故事，多半是他們一路走來曾經嘗過的酸甜苦辣，希望你能在腦海中，稍稍勾勒出資訊SOHO族們鮮活的一面，也希望他們的故事能幫助你節省些時間，少走些冤枉路。

檔案A—I

連啓宏，你可以叫他小艾

學歷

八十六年交通大學畢業

現職

紘佳資訊科技，以SOHO方式工作

經歷

商業條碼策進會系統部網頁組副理

於隆傑資訊系統部兼職管理所有電腦系統

博訊科技(原中興保全資訊部)網路事業部，從事 EDI 訊息設計

寰訊科技系統部，開發光碟檔案管理系統

凌群電腦證券系統部，用古老的電腦語言 COBOL 寫程式

代表作品

國產汽車中古車網站規劃

台大醫院新生兒篩檢中心網站規劃

衛生署病理中心網站規劃……連啓宏認為作品多得不及備載！

連啟宏的兩三事

當初會自己獨立創業，連啓宏認為和大多數資訊SOHO工作者雷同，而賢內助連太太以旁觀者的角度來看連啓宏，她認為連啓宏的主觀意識很強或許是個關鍵。對這一點連啓宏不否認，還在公司時，常常覺得自己提出的一些建設性意見不能獲得主管接受，因此有理想被壓抑的沮喪，與其將時間浪費在溝通或辯護自己的理念上，不如離開企業體，出來按著心中的規劃來做，加上妻子全力支持，兩人同心，齊力斷金是也！

效率自在我心

在夥伴陳嘉霖的眼中，連啓宏行動力旺盛，從他積極擴展人脈，協助後援廠商參加資訊展來看，他確實行動力旺盛，連太太開玩笑的說他要繳件前工作得最有衝勁，連啓宏強調自己做事講求效率而已，「一天內就能做好的工作，何必要弄到一星期呢？」

檔案A—II

陳嘉霖，Charles

學歷

七十九年畢業於中原大學商業設計系

現職

紘佳資訊科技，以SOHO形式擔任藝術指導

經歷

光復書局電子書籍部美術設計

得意傳播公司設計組組長

洋洋灑灑的代表作

《五千年神遊眼福》CD-ROM，獲國際多媒體協會（AMI）藝術類銅牌獎

《清明上河圖》CD-ROM，獲第一屆金學獎第一名‧金袋獎應用類銀牌獎
《龍在故宮》CD-ROM，獲第三屆金學獎第三名
《矮樹籬笆》日本浮世繪 CD-ROM
《動物學習百科》CD-ROM
魅力網 HomePage，獲 Hinet HomePage 設計比賽特優
周華健演唱會 HomePage
住商不動產 HomePage
陽明山天籟溫泉會館 HomePage

陳嘉霖的兩三事

選擇多媒體與網路設計為主業的陳嘉霖，他認為堅持做設計的老本行，並不是多麼看好市場有多熱絡，但至少是自己熟悉的行業，認識的人也都在這裡，再來自己的口碑和成績也在這裡，所以就很自然的留在這個領域。

他給自己個性下的註腳是有點主觀，喜歡接受新挑戰，有點勞碌命，因為每當壓力愈大時做出來的東西反而愈好。容易情緒浮動，有點悲觀主義，評估東西都以最壞的狀況開始，怕軟不怕硬。對熟人極度外向，對新環境又很內向。他還認為由於自己個性中的悲觀因子使然，不會給自己畫很大的餅，所以比較能務實，相對來說，心裡因為損失造成的壓力也會輕些。

對創業青年來說，能找到事業夥伴是件得靠幾分運氣的事，因為要在自家人中找到可以截長補短且合作愉快的對象都不容易了，何況是兩個來自不同家庭的人呢！個性隨和的陳嘉霖，與連啓宏合作的機緣起於當兵時代（有志創業的男性同胞，從這個例子可學到，當兵時，也要將罩子放亮點！不要只會數饅頭），兩人是軍中同學，三百個數饅頭的日子裡，發現彼此志趣及個性滿契合的。退伍後，還曾無巧不成書的進了同一家公司，所以當連啓宏有意成立工作室時，Charles就成了他理所當然的合作夥伴。

享受當老闆的樂趣

最初兩人曾合租過辦公室，問他們選擇辦公地點的祕訣，答案竟是「沒有！」他們只是攤開地圖，估量出兩人住家之間的地理中心點後，便開始注意紅單子，但租下辦公室沒多久，發現顧客真正上門的機會實在不太多，偌大的房間似乎有些多餘，便將工作陣地轉移回各自家中，以節省開支。陳嘉霖說：「這就是自己當老闆及工作單位小的好處，能夠當機立斷，隨機應變。」

喜歡四處旅行的陳嘉霖不僅正在努力的攢錢，為出國旅遊做打算，更樂於享受與客户合作愉快帶來的附加價值，例如在週末拿著招待券親自去客户——某大温泉會館，享受一下無壓力的空間，到現在他還四處建議朋友不妨到那家温泉旅社走走，好個活廣告！

※檔案B

李孫文

學歷

七十五年畢業於交通大學計算機工程研究所

七十三年畢業於交通大學計算機工程系

現職

八十年以設計試算表軟體開始SOHO生涯至今

經歷

進入伊甸基金會

代表作

伊甸基金會、勵馨基金會、創世基金會、殘障福利聯盟等社團的行政管理系統……

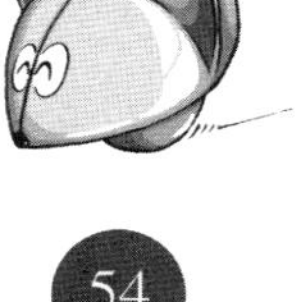

李孫文的兩三事

一直順著主耶穌安排的李孫文，八年前離開伊甸基金會，那個他離開學校後待了八年的地方。和部份SOHO族無法和主管溝通而出走的情況相反，當時伊甸要他擔任主管，他卻因為工作性質會離心愛的資訊本行越來越遠，而選擇逃之夭夭，李孫文說：「就是不想做主管！」

充實自己的時間大增

一向貼心的妻子也支持李孫文想趁機休息的想法，於是，他開始了「居家男人」的生活。賦閒在家的那一年，他沒去找工作，因為工作早就自己找上門，他忙著忙著，時間就這麼過去，到後來，沒想到案子一直進來，自己也成了SOHO族。李孫文說，有朋友問他還想不想再出去找工作，他說：「要把手中成堆的案子做完，都不知道要做到什麼時候。」所以他還是將一切交給主，看祂怎麼安排！

SOHO族最常面臨的就是業務量起起伏伏，有時忙得團團轉，有時卻一個客户都沒有，但李孫文卻一點也不介意，他不以量多為目標，空閒的時候他也樂得充實自己，平均一年八十到一百萬的收入，一家上上下下六口人，其實並沒有什麼閒錢，他也不以為意，照樣做著自己有興趣的工作。

檔案C—I

克難伴侶之妻張舒雅

學歷

東海大學景觀系畢，逢甲大學建築及都市計畫研究所碩士

現職：

康雅景觀設計工作室，主要業務以設置網頁及多媒體構圖設計

經歷

景觀公司主任設計師

建設公司設計部設計師

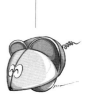

東海大學校園規劃小組規劃專員

東海大學研究助理

檔案C—II

克難伴侶之夫康佑成

學歷

東海大學景觀系畢，朝陽科技大學建築研究所都市設計組碩士

現職

開設小司馬光親子電腦加盟店，從事電腦資訊相關行業，包括電腦教學、軟硬體買賣、電腦網路系統的架設與規劃及程式設計案等

小司馬光親子電腦之專業講師

同時建立自己專屬的「全球景觀資訊網」

經歷

成立康雅景觀設計工作室
與朋友合開景觀公司
建設公司擔任設計師及電腦專員
建築師事務所設計部
景觀公司施工部

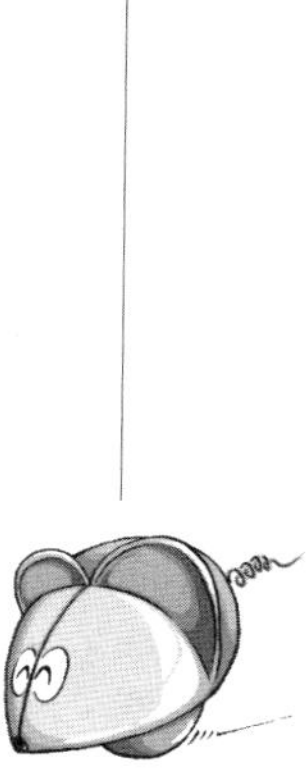

克難夫妻的兩三事

康佑成從開始在企業內上班時，就清楚的知道自己的個性，不會習慣一直待在辦公桌前，不光是行動上倍感壓力，就連思考能力都受到箝制，他認為「身為一名設計人，怎麼能忍受成天坐在設計檯前，又和這麼多人窩在一個狹小的空間裡？」所以，脫離朝九晚五的念頭在他心中存在已久，實現只不過是早晚的問題。張舒雅在一旁幫忙，即使個性原不似康佑成那麼愛好自由，久而久之，再也縮不進原來的框框。

夫唱婦隨，在許多夫妻或準備進入禮堂的新人想像中，應該是件很美好的事。在學生時代就是最佳拍檔的康佑成及張舒雅，十年來，他們對於夢想仍然是一步步腳踏實地的完成，八十三年就已經在台中開設網路設計工作室，之後參與加盟式的兒童電腦教室，業務是擴大了，但掛念孩子的張舒雅不免覺得花在孩子身上的時間有些不夠。

夫妻檔相互勉勵

張舒雅認為創業過程是艱苦的，只不過現在想起來卻是人生過程中最甜蜜的回憶。她回憶剛成立SOHO族的辦公室時，為了節省支出一切都自己來，包括對於三層樓大的工作室的打掃、油漆、裝潢，往往康佑成負責上半段，而身懷六甲的她只能彎腰蹲膝負責下半段，但每次移動就氣喘如牛，常延遲工作進度。

但體貼入微的康佑成總會在一旁安慰她說：「老婆您辛苦了」，並且儘量不讓她太辛苦，望著丈夫汗水淋漓的背影，張舒雅曾不禁流下淚水。她認為由困苦中產生的相知相惜，一直是往後夫妻相處時的潤滑劑。或許SOHO族的生活歷程對她們而言充滿艱辛，但是聽張舒雅描述過往時，卻也分享到兩人樂於SOHO族工作型式帶來的快樂與自由。

夫妻兩人在事業上雖然有強烈的企圖心，卻也沒忽視自己在理論層面的充實，先後完成碩士學位，康佑成目前還挪出部份時間回朝陽大學進修，由於朝陽重視實務經驗，他還得參與學校的專案，一支蠟燭兩頭燒，夫妻兩人忙得沒有假日是常有的事。

還好雙方家人對他們這樣的打拚，相當支持，所以家事方面比較沒有後顧之憂，其實，兩人一致的想法是「趁著能衝刺的時候多衝刺些，基礎紮穩了，再專注於原來設計的專業上，也比較沒有負擔。」

檔案D

石欽元，石頭

學歷

南港高工重機科畢業

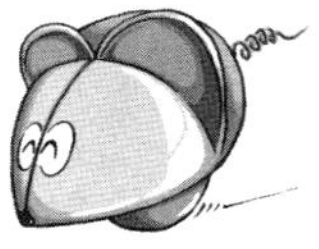

現職
白天是專職資訊SOHO族，本書完成時，石頭晚上還在中華工專夜間部主修工程管理
經歷
磐天科技有限公司電腦工程師

石頭的兩三事

六十二年次的石頭，已有十一年玩電腦的歷史，現在他敢說解決各種電腦問題是他的專長，好個英雄出少年！

醉心當老闆的辛酸

在原來公司的維修部門兩年，一直都是獨立作業，日子久了，難免想試試自己獨當一面的功力，另一方面，一直想要有自己的工作室，體會一下當老闆的辛酸（ㄅㄧㄤˋ吧！居然有人要嘗辛酸），加上今年開始回到學校重新拾起課本，林林總總的因素凝聚出石頭做資訊

ＳＯＨＯ族的動力。

目前業務重點放在個人電腦修護，為何不做單價較高的程式設計？他的說法是「不想少年白頭」。

檔案Ｅ

小慧

學歷　靜宜大學資訊系畢業

現職　多媒體類ＳＯＨＯ工作者

經歷　台中某資訊公司多媒體設計工程師三年

小慧的兩三事

自大學時期就接了二十多個小型的案子，從客户的反應，小慧就知道自己有做多媒體SOHO工作者的潛力。學生時代兼差及作上班族時不斷的「業外收入」，大概三十多萬，後來都用做創業基金。小慧說：「當初同學間嚷著畢業後要做SOHO族的人不少，但是現在看看，真正做到的人不多，因為要達到這個目標，其實要有些『固執』。」

完成夢想的浪漫

小慧歸因於自己雙魚座的個性，讓她在渡過一千多個朝九晚五的日子後，還是朝SOHO的路上發展，對生活內容的浪漫要求，及資訊專業必需的精準規劃，使原本不被家人看好的小慧，在轉型後依然生活得很愉快。

父母家在台北的小慧，畢業後就留在台中市上班，她認為自己離家人太近，很容易因為過得太舒服，而忘記原來追求的目標，所以在台中上了三年班後，仍選擇留在台中開創自己的事業，對台中市的大街小巷早已瞭若指掌，沒事就駛著五〇C.C.的座騎，到街上晃晃找些靈感。

她認為在台北就找不到一條像精明一街或國際街那樣既輕鬆又舒服的街道，台中的生活費也還沒台北那麼高，生活品質卻不見得比台北差，人們步調和緩，下午抽空喝杯香香的熱奶茶，或為剛買的小發財樹鬆鬆土，也不覺得罪過。

檔案F

陸威光，小陸，Louis

學歷

亞東工專電子科畢業

現職

目前為多媒體設計及軟體應用SOHO工作者

經歷

奧美廣告資訊室工程師

包爾動畫公司
亞邁多媒體公司

小陸兩三事

學科學的小陸其實骨子裡是非常浪漫的，企業裡的人際關係錯綜複雜，與人相處雖然對他而言完全沒有困難，但他始終堅持自己心裡最深處的渴望，在做上班族時就很有個性的與公司約法三章，要求擁有彈性工時，為的就是不受束縛，習慣自己調度時間的情況下，小陸利用下班時間接了不少案子，使得他多年以來出國遊學的願望在九八年得以成真。

雖然小陸不排斥再回到辦公室，過著朝九晚五的日子，但他還是堅持「時間操控在我」的大原則，他笑著說：「沒辦法，習慣了改不過來，這樣也滿好的，不是嗎？」

X檔案

因為Eric及創元堅持不曝光，就請讀者從他們的經驗去了解他們吧！

第二節　見招拆招——資訊SOHO族們從錯中學

筆者常想，每一位靠自立更生存活下來的資訊SOHO工作者，都是打不倒的勇士，不過打不倒的勇士也有沮喪及灰心的低潮期，好在多數資訊SOHO工作者或多或少，都有如唐吉軻德般的傻勁，跌了一跤，爬起來摸摸鼻子認衰，或電影「亂世佳人」裡郝思嘉「明天，又是新的一天」的豁達心胸。

現在就來看看有哪些狀況令資訊SOHO工作者們一個頭兩個大，對於可能的困境，七位資訊SOHO朋友，也提出誠懇的建議，至於他們從工作中獲得的樂趣，更希望你將來能以親身的體驗，與他們一同分享。

狀況一：很多時候，客戶看到同業多半都設立了專屬網站，所以也很熱中的跟隨潮流，承辦人員奉主管之命後，透過口耳相傳找上資訊SOHO工作者，說是公司需要網站如何如何，往往態度看起來相當確定且誠懇，同時一再表示絕對尊重專業，表明不論資訊SOHO工作者如何規劃，都會給予百分之百的尊重……

實際上：網站設計SOHO族的經驗卻是完全相反，客户通常不具專業觀念，造成雙方認知差距徒增困擾。

小慧的建議：根據客户提出的概念勾勒雛型，邊修正邊持續往下做的作法，其實相當冒險！但為了收入，很多SOHO族採用這個辦法，因為客户若不斷的要求重改，SOHO族將不勝其擾。

陳嘉霖建議：最好直接和決策者對話，否則也請先確定承辦人是否具備一定的概念，如果沒有，我的經驗是用最簡單易懂，挑重點的方法向客户解説。另外，客户「尊重專業」的客套話，絕對要打個折扣，不能完全相信，因為會這麼説的人，常常對網頁設計者的做法及評估重點一知半解，所以和這類客户或承辦人可能沒有辦法溝通，甚至承辦人在設計者與公司決策者之間的傳達工作，都不能做得十分理想。

連啟宏建議：只要企業向他提出設計網站的要求，在確定過時間及對方意願的強烈度後，就要開始蒐集該公司資料，評估什麼大小或什麼調性的網站最符合該企業單位的需求，因為一家小型公司養不出一個很大的網站。

再說該公司的電腦級數恐怕也跑不出理想的網頁，速度可能慢到連公司內部人員都會覺得受不了，而想要放棄原來的構想；所謂調性的考量，像是公家機關的網站如果設計得太過花俏，容易模糊使用者的焦點，譁眾取寵的功能可能達到，但訊息能否切中目標，就令人懷疑。所以，網站的設計規劃者，要先看到未來網站完成後的效果。

狀況二：在成為全職資訊SOHO族的第一年裡，連啓宏不認為經歷過什麼大的困難，有一次印象較深刻的是，九六年當他去南部度蜜月時，客戶在用盡千方百計也找不到這位陶醉在愛河的人後，堅持要解約，結果還是他運用三寸不爛之舌，才化解一場危機。

實際上：事情並沒有那麼嚴重，只不過雙方少了溝通及多替對方設想的念頭。

連啟宏建議：我從自己的經驗裡學到，做一名SOHO族是沒有什麼工時限制的，只要客戶

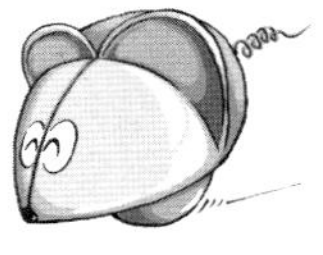

想要找你，你就得讓他們聽到你的回音，所以無論如何重要的私事發生，都要先將公事妥善的處理。

你可以在遠行前告知客戶，或是在留言裡留下可以聯絡到你的時間及電話，人與人之間只要誠懇的溝通，告知對方自己的困難所在，應該都能共同解決問題。所以事前小小的準備動作，要比事後的解釋來得經濟及有效得多，這是我的完全經驗。

張舒雅建議：我也碰過類似的例子，甚至鬧到要上法院，這種情況下，只有耐著性子不斷解釋。

狀況三：國人做生意講究「人言為信」，所以，只要客户提出生意機會，很少資訊SOHO族會一板一眼的要求對方簽約。

實際上：這萬萬不該發生在一個比資本主義社會還資本主義的環境中，生意人不簽約簡直是拿石頭砸自己的腳！在筆者接觸的多位資訊SOHO族中，還真有部份朋友曾經屬於這類「活在古代桃花源中人。」所以，他們都有被倒帳這項「苦中苦」的經驗。

小艾建議：在剛創業時，還兼賣電腦，曾經接受一家郵購禮品公司的採購案，沒想到剛進完貨，那家郵購公司就倒了，如果有簽約，還有法律追訴的可能，但當時沒有作生意的經驗，一開始就拿庫存的電腦去補差價，算是賠了一百萬，欲哭無淚，之後，決心結束電腦代賣的業務。

還有一次，在九八年時曾接下幫國產車架網站的案子，收到款子後沒多久，國產車就爆發嚴重的財務危機，雖說有簽約，心裡還是怦怦跳覺得有驚無險。所以還是簽約比較有保障。

Eric建議：當然要簽約！沒有二話的。不管對方是公家機關還是上市公司，絕對是親兄弟明算帳。而且，法律的書多少要看，我雖然不會很積極用智慧財產權來保護我的作品，但了解它的條款卻是必要的。

創元建議：剛畢業或初創業時為廣結善緣接案不簽約，可能是信心或手中能談判的條件不夠，如果長久下來還不能果斷的要求客户簽約，終究會吃到苦頭，我自己就有類似的經驗。現在我不僅換約的時候小心謹慎，連估價單出去時，我也會請

客户簽名，表示他看過我的報價，不怕他最後不認帳。靠自己的時候凡事就要小心。

狀況四：企業體雖然是人事複雜，層層的組織讓你創意無法發揮，所以很多喜歡「快刀斬亂麻」的人開始嚮往資訊SOHO工作。

實際上：SOHO族勢單力薄，如果你是租屋在外，堅持不讓旁人分攤一些負擔，你可能每天有三分之一的時間花在打理瑣事上，回答電話、繳費、開發或聯絡客户、整理檔案等等，如果你還有野心在有限的時間內充實自己，一個人真的有些捉襟見肘。

Eric的建議：資訊SOHO族大多對自己的能力有相當的信心，說白了就是不信邪啦！沒有人幫忙對我們的工作確實有很大的影響，因為我的工作地點在家裡，所以，家人可以分擔一些雜七雜八的干擾，例如，繳款，我認為要承認個人的能力有限，懂得適度的向人求援很重要，把自己弄得焦頭爛額沒必要。

陳嘉霖建議：與還在企業裡的朋友保持一定程度的聯繫，我自己就有位非常要好的朋友，在一間頗具知名度的資訊公司裡工作，我從他那裡得到的新消息就相當多，偶爾他也幫我留意生意的機會，如果靠我一個人，尤其，我的個性比較被動，有一頓沒一頓的可能性可能大大增加。

創元建議：找個能替你分包的對象最要緊。

不要想大小案子一把抓，我就有個回想起來都害怕的經驗，初接案子會誇張自己的能力，所以完全沒有能夠分包的同業，到最後我沒日沒夜的做了五天，終於在客户要追殺到家門口的前一刻完成。那是很笨的法子，因為品質受影響，砸了招牌不説，把自己折磨得痛苦不堪，才是惡夢。

不過在將工作外包給別的SOHO工作者時，你必需小心傳達你的構想，確定承包者完全明白你的初衷，因此你與承包者間的默契顯得格外重要，對不熟悉的承包者，你可能需要偶爾在工作中期，主動了解承包者進度及已完成部份的狀況，免得到最後發現成品牛頭不對馬嘴。

康佑成建議：如果你感覺工作室或小公司裡有忙不過來的跡象，就要開始考慮要不要請人幫忙了，例如我和我太太一起做設計的工作，需要相當多時間專注在工作上，而且我們小公司的業務不僅接設計的案子，還包括小朋友的電腦教室及代售電腦業務，不要說我們兩個人必需花時間和每一位客户聯繫，要我們完全顧到店面都不太可能，而且電話答錄機也不能完全符合我們的要求，所以請一位助手是唯一的解決之道。

連啟宏建議：我認為找合作夥伴是一個不錯的方法。

我和Charles合作是因為我們是當兵的同學，後來又進了同一家公司，彼此有很長一段時間了解對方，知道對方的工作理念及個性，所以，後來就一同頂下一個公司開始做SOHO工作者，我的資訊背景和Charles的商設素養，真的是可遇不可求的組合，滿幸運的。

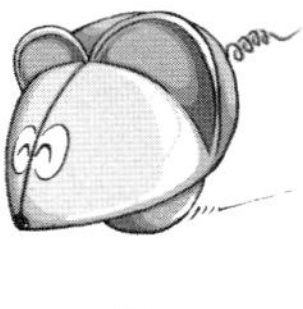

第三節　資訊SOHO工作中的快意滋味

照這樣看來，資訊SOHO族的生活好像是黑白的，但是他們也是倒吃甘蔗，渡過了那一段適應期，開始體會在家工作的甘甜，有的人快意生活，有的人樂在廣結善緣，每位資訊SOHO工作者都在一件件的案子中，找到了屬於自己的快樂滋味，以下就來聽聽他們現在是如何享受工作的美妙！你會發現裡面有不少情節，真的很讓人羨慕！

一、無拘無束樂逍遙

連啓宏認為自己可運用的時間多就是一個好處，沒有案子的時候，快快樂樂的和家人想去哪裡就去哪裡，當初想要的生活就是這樣，沒有一件事比心想事成更快樂的了。

二、廣結善緣

小慧覺得如果只在資訊公司裡上班，接觸或學到的只會是那個圈子裡的東西，很少有機會能了解到其他產業在做什麼，做了SOHO族反而能認識各個產業的朋友，所以能廣結善緣是她認為最寶貴的一點。

小慧說，一個人可能要窮畢生的時間，才能看完各類的書，但是從各種不同的人的談話內容及經驗，就可以學到很多東西，好比現在她有理財上的問題，都可以向投信投顧公司的朋友請教；有法律上的困難，可以求助律師事務所的客户；或者很簡單，她喜歡聽音樂，一通電話，就知道又有哪些特殊的音樂進貨了，不用天天跑唱片行守株待兔。

三、盡享天倫之樂

能多陪陪家人對Eric來說是再好不過了！

雖然工作室不在家裡，卻也在自家樓上，小孩還小，下了課他們知道Eric在家，孩子也知道在他工作時不可以來打擾，但他們變得比較不會往外跑，也省下了托兒或送孩子到安親班的開銷。

Eric認為休息時和孩子聊聊他們在學校發生的事，感覺也滿好的，他很驕傲自己是個知道孩子同學名字的父親，小孩和朋友之間有什麼問題也會告訴他。現在做父母的常常講促進親子關係要如何如何做，Eric能寓工作於家庭，大概也是很多已婚的資訊SOHO族看好這份工作的原因。

四、與客户間良好互動

自稱相當容易滿足的陳嘉霖覺得客户的回饋最實際，曾替一家温泉旅館設計網頁，完成後旅館奉上兩張免費住宿券，陳嘉霖與朋友暢暢快快的度了個美好的假期。他認為這是碰到合作愉快的情況，其實最美好的經驗對他而言，就是客户講道理、能溝通，自己辛苦的付出受到尊重及肯定。看來他要的真的不多。

五、工作即是快樂

創元自己說：「我對『甘』的定意或許與其他人有些出入，我喜歡工作，我很enjoy從工作中得到的成就感，有朋友說我是工作狂，我卻覺得我是『工作時認真工作，休息時認真休息』，我待過私人企業，也待過具有半官方色彩的財團法人單位，他們都將工時訂得死死的，個人想一鼓作氣的完成某件事不太可能，還要正經八百的勒著領帶及褲帶奮鬥，想要享受工作都不太可能。

做了資訊SOHO以後，我高興做到凌晨兩三點，也不需要經過誰的批准，周末要加班，也不用面對長官批加班單時的臉色和盤問。感覺好極了！」

六、頭腦是最珍貴的寶藏

資訊工具的存在帶給行動不便的李孫文很大的競爭優勢，在專業領域裡他有豐沛的資源可以與人一爭長短，甚至表現突出毫不遜色。

由於，很清楚自己的定位，所以離開伊甸這個舉動令人意外卻也是相當自然，因為能否保有時間做自己喜歡做的事——玩電腦，是李孫文的優先考量，至於在不在大公司裡工作，收入是不是低於一般水準等等，李孫文並不是很介意。

他說，夠用就好，他想要的現在都有，所以生活本身對他來說就是一種喜樂。李孫文目前三代同堂，最親愛的人都與自己生活在一起，盡享天倫之樂的人，實在令許多人羨慕。

樂觀的李孫文常講，主對他很好，因為他從來沒為生計擔憂過，成為SOHO工作者的第一個案子不但自己上門，就連案子剛談定還沒設計時，客户就催他請款，因為他們要消化年度預算，對當時沒有閒錢準備過年的他，實在是一場及時雨。

第四節　靠山山倒，靠人人倒，靠自己最好！

前輩們的真情告白，將紙上的資訊SOHO工作注入鮮活的情感，但是他們不相信挫折及阻礙是無堅不摧的，他們選擇動腦想出辦法，這是最真實也最簡單的解決之道。

然而可惜的是，隨著資訊SOHO族人口越來越多，至今卻還沒有一個資訊SOHO族專屬的交流或集會組織。民國八十五年前後曾一度有過類似的組織，但根據參與過的資訊SOHO族表示，活動及課程內容太過淺顯，並不適合已有相當經驗的SOHO族，久而久之，去的人數少了，組織也無疾而終。如此一來，許多前輩累積的經驗無法傳承，所以，一個能讓資訊SOHO族聚集在一起並分享經驗的組織快快形成，是目前不少資訊SOHO族的期待，如此資訊SOHO族不至於勢單力薄，飽受委屈。

其實，未來在家工作的資訊人會越來越多，公會的形成勢在必行，尤其，在電子商務發達後，資訊SOHO族將面臨到許多勞工法律問題，目前在臺灣，與勞工關係最密切的勞委會，在這個問題上還沒出現積極動作，所以資訊SOHO族在凝聚團體力量，及保障自己權益的觀念上，必須有深刻的認知，因為不是有句話說「靠山山倒，靠人人倒，靠自己最好」嗎？

進入電腦SOHO之門

備忘錄

第四章

選擇自己適合的資訊工作類型

穿上適合自己尺寸的衣服，
才能為你的外表加分，
在尋找投入資訊SOHO業務的類別時，
也是同樣的道理。

依第二章列出的五類資訊ＳＯＨＯ族來看，各類ＳＯＨＯ除了要具備應有的專業知識外，一些特殊的條件也不可少！或許對一般資訊人而言，早是耳熟能詳，計劃朝資訊ＳＯＨＯ路上發展又不太熟悉狀況的你，不妨先照單評量一下自己的本錢，你才能攻無不克，戰無不勝。當然你勾選出的數量愈多，你也就愈符合成為一名資訊ＳＯＨＯ工作者的資格。如果你還對自己的能力沒有把握，不少民間或公立單位都開設有相關課程，或許是你再進修的最佳選擇。

第一節　網路設計ＳＯＨＯ族必備的專業能力

◆專業知識

客戶使用的電腦層級不同，所以資料傳輸的速度也各有異，你必須從高速區域網路、區域性網路，到私有分支交換等不同的層級需求，提供不同的專業知識。下面是清單，請

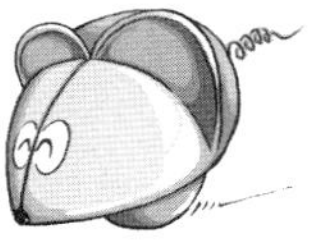

自我檢視一番！

□程式語言
□網路元件的建置
□網路作業系統
□TCP/IP
□視覺化程式設計
□物件導向程式
□Unix系統與管理
□網頁編寫
□網頁維護
□網際網路程式設計
□資料庫應用程式設計
□Windows NT系統管理

◆估計全案預算的概念

只要有支出就一定要有抓預算的觀念，或許剛開始抓得不很準確，但是久而久之，你就會對金錢數字比較有概念，在你運用金錢時，也會產生潛在的節制作用。

◆整合客戶需要的能力

客户的需要常常是零亂而沒有時序性的，如果你的記憶力不是頂好，試著隨身帶一本小筆記簿，隨時記下客户的要求，最好不要讓客户一而再的提醒你做某件事。

◆畫面設計的概念

如果你沒有這部份的合作夥伴，你就必須在設計上很有把握，這是個關鍵技術。

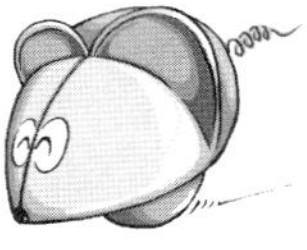

第二節　軟體設計ＳＯＨＯ族必備專業能力

軟體設計ＳＯＨＯ族的專業能力，可從兩個角度來介紹，一是自案子進程的階段區分談起，一是以軟體類別區分談起。

【以進程階段區分】

軟體系統的進程大致分為三個階段，各階段要求的能力也有所區別：

規劃階段：也就是一般說的「企劃」，主要工作有兩個。

首先，要界定軟體範圍、預測發展一個軟體需要的資源，及估計發展的時程與成本；其次，你要根據前一個步驟規劃出的範圍，訂出軟體的功能後，再完成軟體需求規格。所以你必需有掌控成本的經驗，也需要有整體的眼光看出新軟體的可行性。

發展階段：根據規劃出的需求規格，撰寫電腦語言及測試。所以，你要懂得電腦語言，及具備測試的功力。

維護階段：軟體也需要維護，不斷升級才能確保它的功能永遠符合現實需要。

現在我們將前面講的三個階段套用在製作多媒體軟體的過程來印證，你便知道需先將製作該軟體的概要、目的、製作方式、預算及製作進度表，一一整理出來，做成企劃書。並在決定內容的同時，利用圖畫腳本或流程圖作整理說明，讓後續的工作能有清楚的脈絡可尋。

有了骨架，接著就是填上血肉，所謂血肉也就是集合媒體素材，利用編輯軟體將各素材及數位化資料彙集起來，例如圖畫或照片先經過掃描器掃描，音源編輯就用現今的Macromedia SoundEdit Pro或Digital Performer等軟體處理後，再做整合的工作，接著就是做測試，通得過測試的軟體，才算是完整的成品。

【以軟體設計類型區分】

若以不同的軟體設計類型分，各領域中的軟體設計者有各自需要具備的專業知識，以及凡是軟體設計者都需具備的，清楚邏輯分析與歸納能力及美感等條件。

專業要求

一、文書處理：

■ 熟文書軟體，如Ami Pro、PageMaker等的排版工作。

二、試算表：

■ 熟試算表軟體，如Excel、Quattro Pro等。不過目前資訊ＳＯＨＯ族接這類生意的已不多，因為大部份公司員工可自行完成。

三、資料庫：

■ 資料庫應用系統開發及設計

- 開發工具的資料庫程式設計
- 資料庫程式設計，如：dBase、X Base、Oracle等
- 網際網路技術
- 資料庫軟體應用，如：Approach、Access、Fox Pro、Paradox、dBFast

四、多媒體製作：

- 影像處理
- 網路虛擬實境（一般所知的VRML）
- 音效及視訊處理
- 電腦3D立體動畫製作
- 視覺化程式設計
- 多媒體整合
- Web Page設計製作
- 多媒體軟體如：Interactive、Rocky、Multimedia Toolbook、Authorware、Visual Base等清

楚的邏輯分析、歸納能力及美感也不能少。

記得有一句廣告詞說得好——「化繁為簡是貢獻」，如果你想在業界成為一名搶手的軟體設計SOHO人才，邏輯分析及歸納能力或許要比其他類型的資訊SOHO工作者要來得必要些，因為這兩項能力絕對能幫助你化繁為簡。美國耶魯大學電腦科學教授大衛・哥藍特（David Gelernter）曾經說過：「軟體要避免『複雜』這個危機，有兩個必要的動作，一是程式設計師需要更好的訓練，再者就是設計師在設計時能夠力求成品『簡單好用』。」

此外，大衛・哥藍特對軟體設計工作者具備美感的要求，也有獨到的見解，他認為軟體很複雜，美就是對付複雜的最後防線。軟體與其他產物不同，在網路上的空間也與實體空間不同，但若任由設計的想像空間受制於僵硬的電腦，要設計出新鮮有趣的成品必然是捉襟見肘，軟體要脫離硬體的束縛，大衛認為「美感」便是引領設計師們的法寶。

第三節　電子商務企劃及資訊硬體維修ＳＯＨＯ族必備的專業能力

一、電子商務企劃ＳＯＨＯ的專業能力

□網際網路技術與其應用的概念。

□電腦工具應用。雖然電子商務企劃偏重在紙上作業，但電腦應用也要通。

□溝通能力。深入了解委託企業的營運目標及顧客對象後，擬出網站或首頁要怎麼做才能達到最好的效果。

□必須熟稔網站設計及架設技術。知道什麼可行，什麼只是不可行的理想。

□企劃知識也不可或缺。一位傑出的電子商務行銷企劃人，必須懂得將自己的創意，巧妙的融入公司提出的計劃中，讓公司承辦人及決策者支持你的提案，你的企劃案才能無往不

利。

□敏銳的洞察力。能看出市場的細微差異，迅速進行補強或修正企劃方向。

□舉一反三的反應力。有從做中學的認知，即使你啃了很多企劃類書籍，但書中的理論只是理論，最重要是自己去試驗。此外，前輩的實際經驗對你也會有啓發空間。

二、資訊硬體維修SOHO的專業能力

□數位與類比電路分析能力。

□熟識器材規格。盡可能做到了解器材發展的各個階段，以求診治硬體時對症下藥。

【何處提供訓練課程？】

最常見的就是行政院資策會或部份科技大學開設的青年資訊專長培訓課程，另外各縣市

政府也常委託民間電腦教育中心開辦課程，招生及課程內容多半可以在每天的報章或雜誌上取得。

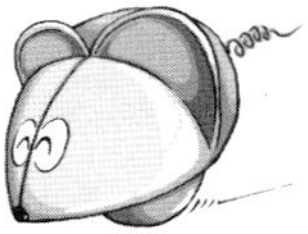

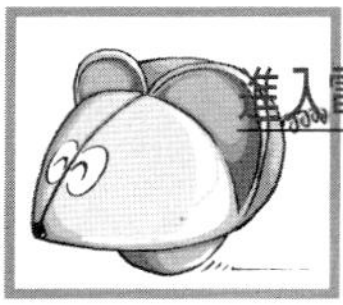

進入電腦SOHO之門

備忘錄

第五章

完善的**創業計畫**讓你預約成功

創業是否會成功，
往往在你準備時就看出了端倪，
要不要預約成功，
好讓你在未來的日子裡輕鬆一些？
想想吧！

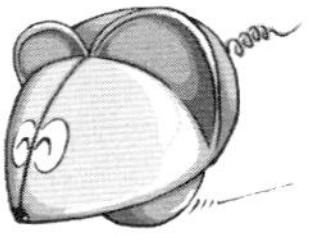

資訊SOHO工作者們開創的是自己的事業，所以每個人莫不是戰戰兢兢，通常大家也都知道開業前必須準備，但是正如那句老話「盡人事，聽天命」，因為天有不測風雲，再多準備也不能百分之百的保證你一定會成功或發大財，但周延的準備，如專業能力的具備，絕對能讓你有信心跨出第一步，能向客户據理力爭你應得的報酬；多看市場動態，你較會有準確的市場切入眼光，切入點正確就能讓你即使在不景氣的日子裡，照樣衣食無缺，沒有斷糧之虞。

從你著手創業那天起，就已開始接受一連串的挑戰了，你也會感受到事情常常是說的比做的容易，美國一位相當資深的SOHO工作者麗莎．卡娜芮克曾說過：「當你要重整生活秩序時，會出現幾種情緒，害怕失敗、害怕成功、焦慮又興奮，這都是十分正常的，因為它們只是暫時存在。當你完全規劃好後，就能享受壓力較少的生活，並從掌握事業中得到滿足。」也就是適度的緊張有助事情的成功。

本章中，筆者藉由分享許多現任資訊SOHO朋友們的親身經歷，將資訊SOHO工作者最初面臨到的狀況抽絲剝繭為你做個預告，希望能在你創業或計劃創業的開始，分擔並減低你的憂慮。

普遍看來，難以擺平的狀況可能來自心理焦慮，也可能是家人質疑，更有可能是資金短少或滿意的工作室一處難求。根據訪談經驗，筆者相信有意進入SOHO族行列的資訊業朋友，多半有著強烈的征服欲望，或生來就有勇於接受挑戰的細胞，這些都是上天賦予的優異特質，只要你知道問題所在，事前的規劃就不再是難事。

一、先厚植專業能力

在學校學的是一套，屬於最基礎的技術層面，但出了社會，賣的又是另外一套，是基礎之外自己掌握及變化出的創意。

會想當資訊SOHO族的你，一定都具備學校傳授的專業能力，也有可能擁有社會職場中需求的技術，但願意走上SOHO之路並且成功的資訊SOHO族常常歸功於「機運」，但是憑心而論，他們如果沒有專業能力作後盾，機運很可能稍縱即逝。

科班畢業的資訊人當然吃香在起跑點上，不過正如在第二章裡所說過，無論你背景為何，都有機會加入資訊SOHO族，事實上，有你原來的專業為主，電腦技能為輔，你可以說是如虎添翼。

在行政院資策會裡設有教育訓練處，還有許多坊間的訓練班，可以讓更多人習得應用電腦的技術，例如想切入應用軟體市場的人就朝建構環境、系統整合發展；想以多媒體為主業，就必須具備影像處理、音效及視訊處理、立體動畫、視覺化程式設計等等的能力；你如果看好未來網站市場，則不能沒有程式語言、資料庫應用程式設計、Windows NT系統管理、網路規劃各方面的知識。

二、創業基金的預估與籌措

創業基金是一筆在你還沒收入時留在身邊活用的現金。

事業草創之初，所有的開支林林總總，資訊SOHO族一定要地毯式的搜索，盡可能列出必要的花費，不要想「唉呀，想這麼多，豈不是永遠都在規劃，永遠也開始不了。」筆者在訪談的過程中，得到一個結論，那就是有衝勁當然是件好事，但衝勁與有勇無謀卻不能畫上等號，計劃不周延往往只會以徒勞無功收場。

通常學校畢業後四年至五年間想成為全職SOHO族者，手頭上有個二十萬應該不是難事，好好規劃二十萬，它能讓你成為一個事半功倍的資訊「鐵人」，有志做個資訊SOHO工作者的你，一定原本就有一台電腦，所以只需升級原有工具及補齊配件即可，張舒雅還在學校時就已漸漸架構起一套自用的設計配備，所以當她創業時只花了二十萬左右。

對資訊SOHO族幫助最大的貸款要算是由青輔會提供的青年創業基金，其利率之低是所有銀行都望塵莫及的，四十五歲以下的你，大可以借重這項利多。根據青輔會八十七年十二月最新版的申請資格，見後表五～一。此外，部份消息靈通的SOHO族很幸運有機會頂下小型資訊公司，並接手部份基本硬體，也省下不少開支。

表五～一青年創業基金申請條件一覽

基本通用條件	一、二十三歲至四十五歲之間。 二、具高中職以上學歷。 三、具有所擬創辦事業二年以上相關工作經驗或四年以上工作經驗。 四、除離島地區、原住民、身心障礙、更生青年外，應具有下列相關資格中一項並取得證明或證書者： 1.高級中等以上學校畢業或五專修業滿三年因故輟學者 2.有發明取得專利權者 3.乙級技術士以上技能檢定合格 五、服役期滿或依法免役者。
個人條件	一、創業負責人或出資人，不得經營其他事業或任他職。 二、申貸金額不得超過登記出資額，但所創事業無須辦理登記者，不得超過自籌資金。 三、夫妻共創同一事業者限由一方提出申請，其出資額可合併計算。
青輔會聯絡方式 地址：台北市徐州路五號三樓 電話：(02)2356-6234／(02)2356-6292　傳真：(02)2356-6309	

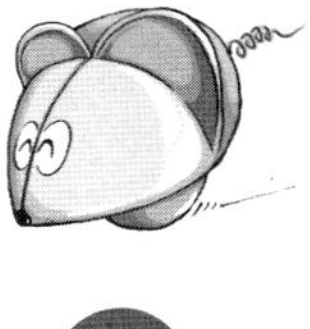

三、選擇你的生財好幫手

「工欲善其事，必先利其器」，這句話對資訊SOHO族來說是真理。每位資訊SOHO工作者都有一套獨門的選購管道，就近利用網路、在發表會中親自試用，或趁機在廠商的促銷期買進，都是省時又省事的作法。

管道1．網路購物

以網路為發展重心的小艾，他會先在網路上看準趨勢作為選擇辦公用具的依據，或到相關網站上找參考書，覺得適合就到重慶南路買，如果國內還沒有就預訂。再不然，就是參加國內的產品說明及研討會，當然，和同行討論也很有幫助。張舒雅則是固定每星期花兩天上網，看看有什麼新器材問世，想了解國際上技術的發展程度，國際型網站及外文雜誌是最好的幫手，有空你不妨到國家圖書館或各市立圖書館查閱。

管道2．產品發表會

只要電腦公司在台中有新產品說明會，張舒雅絕對不放過。陳嘉霖則是抱著「先求夠用就好，總不能器材買來只用一次，如果某一種配備已經到了非買不行，我才會採取行動。」雖然發表會或許離新品上市還有段距離，但是藉此機會了解產品功能的發展進程，對日後採買也有幫助，而且，在發表會中預訂說不定還有價格上的優惠。

管道3．新產品廣告促銷期

如果你常留意各國際型資訊公司的新產品廣告，你會發現近來有越來越多的產品，是衝著SOHO族市場推出，他們早已看準這個市場在臺灣的潛力，將產品設計定位在體積袖珍但功能性強的模式上，所以資訊SOHO工作者大可坐享其成，享受漁翁之利。

惠普是最早將眼光放在小型辦公室資訊配備的國際型公司，該公司以自家員工的需求為顧客調查資料，做為研發及改進的依據，不斷推陳出新，逐漸在SOHO族中建立起口碑；惠普的對手是後來居上的IBM，長久以來，IBM著眼在企業用戶，但最近已意識到SOHO

工作人口的增長速度不容小覷，所以近日大打具有語音信箱、傳真、傳呼、電腦答錄及一般電腦功能五合一的Aptiva系列。

應變性強的國內廠商當然不願落人之後，如宏碁、康柏、倫飛、國眾，及致福等紛紛搶搭這班列車，發展重量輕但升級空間寬廣的電腦配備，吸引各專業的SOHO工作者。

管道4・接收二手資源

酷愛電腦器材的行家，往往忍受不了自己的配備跟不上發展腳步，所以通常很捨得在器材上投資，資訊SOHO族不妨結識幾位這一類型的朋友，因為當他們進行汰舊換新時，你就可以花小錢買大享受。

此外，市面上不少資訊類雜誌都規劃有二手機器流通的專欄，平時你可以多多注意，如果在值得購買的器材上議價時突然殺出強勢的競價者，不妨主動向出售人表示退讓的誠意或表現強烈的需求意願，因為讓別人捷足先登只會造成自己事後的遺憾。

四、心理準備

創業是人生的一個轉捩點，你的生活及人際關係與過去將有很大的不同，所以心理準備是必做的功課。

這裡提供陳嘉霖的一段話給讀者參考，他認為：「想清楚再進入SOHO族，因為你不踏進來，不會知道有多少事要自己打點，還有，千萬別幻想會很自由，有很多自己的時間，那是不可能的！有的只是更忙、更累。」聽起來好像恐怖到極點？但筆者知道企圖心旺盛的你是不會給嚇到的，因為你已經做好了萬全的準備。

面對傲客面不改色

好，你首先要牢記的是，現在你就要成為老闆，必需面對客戶，即使「傲客」也不例外。客戶會要求你報價、沒合作過的客戶不了解你的技術，你要如何表現自己的專業知識；

客戶還會討價還價，俗話說「一樣米養百樣人」，客戶的要求千奇百怪，你能否適時的表明立場，往往決定了案子接不接得到。所以沒有做好心理建設，很容易被不講理的客戶「摧殘」得信心大減，初入行的SOHO工作者要千萬注意。

你沒有想像中孤單

其次，資訊SOHO族應該明白you are not alone，因為在你之前已有不少前輩，你可以在跳進SOHO之前，先結識一些業者，小慧以自己的經驗提出建議，「積極的從網路上和前輩們接觸，知道他們通常在哪裡聚會後加入他們，並向他們請益，你會訝異原來作一名SOHO族有這麼多新鮮事。」根據筆者接觸的經驗，資訊SOHO工作者多半個性隨和，十分樂意幫助人，所以小慧的建議，很值得新手參考！

在客戶面前展現親和力

許多身經百戰的老將認為，資訊SOHO族最大的挑戰是行銷。所以，較習慣獨立作業的資訊SOHO工作者，要意識到必須放下身段與客户建立關係，因為從今而後，你也身兼貴公司的業務人員，光在網路彼端的促銷常常只有一半的效力，如果能偶爾到客户處走動走動，說不定能獲得更有價值的情報，Eric的經驗，「有兩次晃到客户公司，經過原客户介紹，認識了新的客户，而且之後彼此相處愉快，成了固定的接單對象。一兩次的主動出現，會讓客户感受到我們還滿熱心的，不是三請四請才來的大牌。」

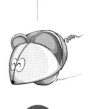

五、辦公室選擇與規劃

在考慮什麼是不可省下的開支前，必須先決定你是在自家工作，還是在外租屋工作。

根據前輩們的經驗，以家為工作室的全職SOHO族，能省下租金，但在顧慮效率及不受外界干擾的大原則之下，往往家中找不出這樣的一個角落，而且，家中鋪設的電線都早已固定，無法重新架設，而許多資訊SOHO族的工具非常耗電，如果不想飽受跳電之苦，勢必得乾坤大挪移一番，或購買專為SOHO族設計製造的複合多功能辦公桌組。

若在外租賃房屋，則房租、水電費、管理費、辦公家具費、電話費等等，都是跑不掉的開銷。

【考量地段】

一旦決定租間辦公室，就要留意你所在城市中房價較實在的地段，因為多半資訊SOHO族只是租賃，不是買樓保值，所以能選擇的區段就相當寬。

前提之一，你不需要一個位於繁華地區的辦公室，因為熙來攘往的聲音會分散你的注意力，運輸系統對你是否方便倒是需要多加考量的項目，因為交通不便，會讓初入行的你視出門為苦差事，降低你的機動性。若你在都會區如台北市、台中市及高雄市，則捷運沿線或公車往來頻繁的地段就很方便，值得你考慮。再配合你業務的屬性，文教區或商業區邊緣，也是另一個選擇，例如康佑成的工作室因為附設有兒童電腦教室，所以他們現在在台中市文心路上的店面，剛好切合了文教區內對類似服務的需求。

如果你是力求遠離塵囂不受干擾，距都會區不遠的衛星城鎮也是不壞的選擇，更何況資訊SOHO族往往具備一應俱全的傳訊設備，如電話、傳真機、電子郵件等，縮短了你與外界的距離，也拉大了你租屋地點的選擇範圍，即使你人在宜蘭或桃園，照樣可以接台北委託的案子。

【考量坪數】

而坪數大小也要配合人數的多寡，若你只有一個人，二十坪綽綽有餘，兩個人三十坪也就夠了，太大反要花心思去填空，如果你的業務必須常招待客戶，那麼空蕩蕩的屋子，會讓登門拜訪的客戶覺得原來自己是將案子交給這樣的公司啊……，無形中你的專業就被打了個折扣。

最好把握到「小而美」的原則，同時將你的創意也展現在工作室裡，畢竟，這個小窩是你的心血結晶，又能讓自己在舒適的環境中工作，何樂不為呢？

【考量空間利用】

來臺灣已有一段時間的德國朋友——琵雅，當她還在德國時曾做過一段時間的網頁設計SOHO，她想起自己放棄繼續做一名專職SOHO的原因就是「效率太差」，不懂得說「不」的她，不是三不五時看看電視，就是到廚房做做自己愛吃的小餅乾，工作本身沒將她壓得喘不過氣，反倒是不善於規劃空間，使得工作效率低落，害她的SOHO生涯美夢就此幻滅。

所以，無論你是在家還是租房子做工作室，工作區域規劃的最高指導原則即是不受干擾。在家中，先找一處較不常使用的空間，如果空間不大（請參考圖一），就千萬找個離吸引自己分心源頭最遠的角落，對琵雅來說絕不能離電視及廚房太近，一般來說，書房是個較理想的地點（請參考圖二），只要考慮空間是否大到夠放置你所有的器材。或試試家裡的陽台及頂樓（參見下頁圖三），巧妙整理一下，被我們忽略的空間，也可

圖一

圖二

圖三

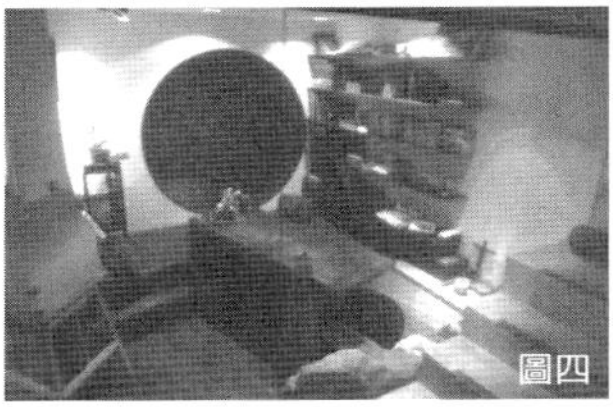

圖四

成為你靈感湧現的角落。

若家裡有未入學的小孩，絕對有必要請別人代為看顧，你知道小孩帶來的干擾具有多麼強大的破壞力。

你若是很有心為新的工作型態做好準備工作，可以在空閒時多逛逛家具店，現在有很多貼心的創意家俱，就特別為資訊SOHO族，設計了一套套既節省空間又具備實用性的辦公家俱（參見圖四），你何不參考一下？如果你想DIY一個風格獨具的辦公空間，和信家流通（HOMART）是個不錯的選擇，在那裡你能採買到所有家俱組合零件。

【與家人溝通】

其實，成立自己的工作室，就是一種創業，但由於你是校長兼撞鐘，家人免不了會操心，擔心你是不是應付得過來？擔心你是否有生意上門？如果你的家就是辦公室，他們又擔心會不會干擾到你的工作？毫無疑問，他們的許多擔憂都是出自於關心，所以在你瀟灑的實

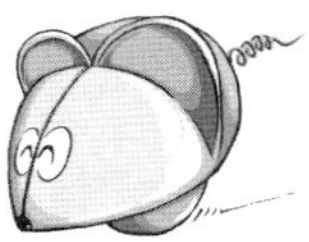

現自我理想前，家人的疑問還是要盡可能的先釐清。

台中的康佑成和張舒雅夫婦在栽進資訊SOHO行業前，不僅經過「家族」同意，家人們還幫忙帶出生沒多久的孩子，甚至出資給予最具體的支持。陳嘉霖的家人是沒說反對，所以他拿出自己的積蓄就照著自己的想法做了起來，他認為這樣算是相當順利。

也有情況完全相反的例子，做多媒體的小慧幾經家庭革命才一圓SOHO之夢，「我的二哥自己就開過小型進口貿易公司，辛苦了半天，當初的資金也是家人東拼西湊湊出來的，後來，還是撐不過去。所以我提出成立個人工作室的想法時，二哥第一個舉雙手反對，父親也說：「最笨的人，是學不會教訓的人，沒看到你二哥的例子嗎？你如果要玩玩，我是不會拿錢出來的。」「我是很笨哪！就是不見黃河心不死。」小慧拿出從大學開始存的一些積蓄，還有她大姐給的五萬塊，硬是在台中中興大學附近找到自己蝸居的殼，小慧現在一個月可以做到五萬到六萬不等的業績，她說：「我不貪多，能賺到錢，就已經向我家人證明了我不是在做夢，我是很認真有規劃的。」

每個人的情形不同，但滿腔熱誠卻是在每個資訊SOHO的故事裡，都抓得出的元素。

你的家人和你之間有僵持不下的拉鋸戰嗎？你努力溝通之後，他們對你還是半信半疑？不要緊，如果看完這本書，你仍想成為一名資訊SOHO，你還是可以憑著自己的實力，完成你的夢想。

【調整生活作息】

一旦進入SOHO生涯，最明顯的是時間變多了。

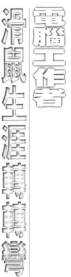

你在著手調整作息前恐怕要先掌握自己是屬於適合早上工作的「早起鳥兒」？還是適合晚上工作的「夜貓子」？因為想使腦力充份發揮，提高工作效率，就應該先釐清自己頭腦活動的特徵，再以科學的方式管理。以陸威光的例子來看，由於他接的案子大都必須在客戶公司下班之後動工，小陸已經變成夜行性動物，下午出門，晚上才達到工作效率的尖峰，別人看他覺得辛苦，他卻甘之如飴。

結了婚仍和父母同住的Eric，將自家二樓租下當作工作室，因為他需要較大空間面洽顧客，一個獨立的空間可以確保不被打擾，客戶登門時也不會顯得太狹隘，家人對他這樣的安排很配合，因為白天妻子出門，他也跟著上樓，有出門上班的感覺，卻沒有進入平常辦公室的壓迫感，中午和父母一同用餐。

不另外租屋的資訊SOHO族因在家工作，與家人接觸的機會增加，彼此要妥協的空間與時間必然徒增，有時候可能是一件小事，都讓你有些煩躁，像對創元來說，每到吃飯時間，家人就硬要將他拉離辦公桌，也不管他的工作情緒是否會被打斷，這讓他偶爾有些沮喪，但這還不是最嚴重的。

筆者曾在報上看過一個比較嚴重的例子，妻子是在家工作的資訊SOHO工作者，先生一開始還能體諒，但日子一久，抱怨就來了，原來是先生認為妻子在家卻沒把家裡整理好，而怪罪她沒盡到主婦的義務，她滿腹委屈，因為先生沒有想過，妻子在家也是在工作而不是賦閒狀態。這種例子就是資訊SOHO族沒有事先與家人達成共識的後遺症。

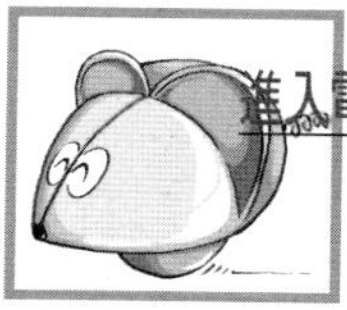

進入電腦SOHO之門

備忘錄

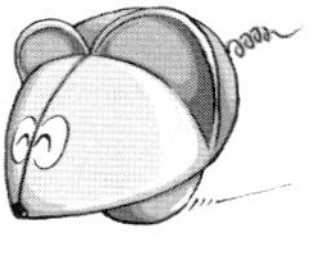

第十八章

跨出你的**第一步**

每個第一次總是帶有興奮、緊張及期待，
你準備好了嗎？
好好享受你的第一次吧！

SOHO工作者中有絕大部份，自學生時期就開始以SOHO的雛型「賺外快」，接些案子在閒暇之餘磨練磨練技術，因此多數「出道」的時間都很早，從小案子接起，或參加比賽，九八年才從銘傳大學商業設計系畢業的小蔡就經由參加「全民個人網頁設計比賽」嶄露頭角，不論他日後是不是朝SOHO族的路上走，這次比賽對他的經歷絕對是個加分。

過去電子商務還沒發光發亮時，相較之下SOHO工作者能在人前展現才能的機會少，踏出第一步都靠自己摸索，既然現在有不少讓個人初試啼聲的機會，有志朝此路發展的你，實在應該多加利用！

歸納資訊SOHO族的工作特性，發現某些工作的步驟固定不變，資訊SOHO族們可將它視為一個工作流程，筆者且稱以下各點為踏出第一步前必看的教戰守策。

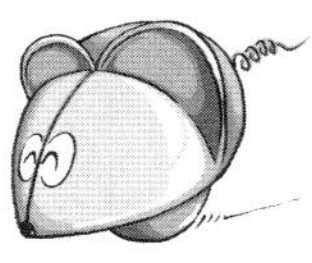

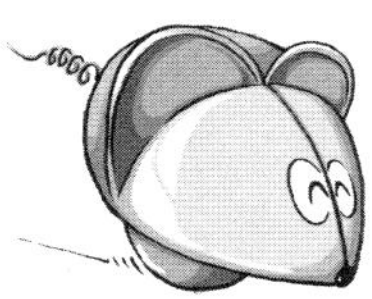

第一節　顧客需求至上

一、認定目標

有範圍的天馬行空是發揮創意，沒有節制的天馬行空是浪費智能。

不論你接到的是軟體設計或網頁設計的案子，動手前的企劃是少不了的，經驗豐富的資訊SOHO族會在腦中勾勒步驟，經驗不足的先做好沙盤推演或紙上作業，如果程序或目標不先訂下來，很有可能抓不到進度，而且浪費很多資源。

雖說可以由客户提供的資料得知目標外，資訊SOHO工作者本身也必須鍛練自己憑著專業素養去設定目標，因為在這個領域裡，你是專家，如何彈無虛發，就靠你的專業智能，一味接受客户的意見，充其量你只是企業執行網路相關作業的作手而已，對你而言，做十件案子與做一件並沒有多大差別。

二、了解你規劃的內容

所謂「知己知彼，百戰百勝」，因此身為電子商務企劃或網路設計者的你，必須了解委託企業要推銷的產品在既有通路中有哪些行銷盲點，以及該產品搬上網路行銷後，它的優勢又在哪裡、產品的競爭對象，及客户希望為產品塑造出什麼形象等等，一一釐清上述關鍵後，你在規劃時才能切中企業需要，並且在提案時言之有物。

1. 設定你規劃的最終目標

簡單的說，保持在預算之內的作品就是好作品，也是符合企業要求的目標之一。剛接案子的資訊ＳＯＨＯ工作者很容易滿懷熱情的規劃出豪華級藍圖，「初生之犢」全然不計血本只為有好的表現，不過看在過來人的眼裡，卻是百分之百的不切實際。

李孫文根據自己的經驗表示，資訊ＳＯＨＯ族最需要牢記的是：客户的電腦級數各有不

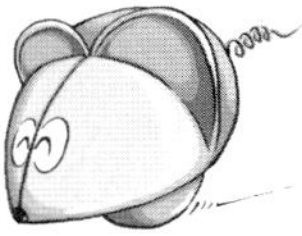

同，對設計的經濟實惠或是功能完整各有所需，資訊SOHO族要謹記在心的是成品的功能性，因為這是最基本的原則；客户如果還有能力負擔精美的效果，或想在網上盡情促銷其產品，你才可以盡情發揮企劃構想。

2. 簡報中提出多種企劃案供客戶選擇

簡報是資訊SOHO族說服顧客的關鍵時刻。

國內知名的企管顧問衛南陽說過：「顧客重視的是自己使用過後的感覺，是很主觀的判斷。」而你就應該去試著了解，什麼原因造成顧客會那樣想，而不是在簡報中一直告訴顧客，自己比同業如何如何的好，這種說法太過空泛，客户要的是「獲得滿足」及「問題解決」，你是否真的像你自己說的那麼好，他們一點也不介意，所以你要拿出實證。

每位專業人都知道，將企劃案做小規模更動後，同時提出二、三種版本讓客户選擇，因為與其被否決，不如讓備案通過，大大節省彼此的時間。

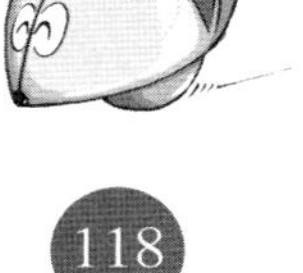

3. 能引起共鳴的說明

客户對電腦的了解程度參差不齊，雖然你準備了齊全的資料，當你口沫橫飛的以電腦實例解說時，請留意客户的臉上有沒有一朵烏雲飄過，因為對方有可能聽不懂，那你就必須放下電腦，改以紙上演繹的方式繼續下去，所謂「變則通」。選擇最能讓對方了解的說明方法，換個角度除去本位主義，別忘了說明方式的本身就具有打動對方內心的力量。

4. 充分討論

理想中的討論是一次解決，不過在現實裡，三不五時的討論多得是，常常一個案子要討論不下十次，而雙方充分的討論才能產出一件好的作品，更何況問題儘早面對，要比做到一半才叫停好得多。

陳嘉霖認為，你絕對要告知客户，哪裡不滿意一定要即早提出，如果案子提不過也不必沮喪，因為設計人的頭腦就要能隨時應變及加速運轉。

第二節　做張名片吧！

別因為一人飽全家飽的工作型態，而忽略了做生意的基本步驟，想想看，你到一家新公司首先的幾個步驟是不是包括人事部門會印幾盒名片給你？所以你也該準備商用名片，名片不但能讓人對你的名字一目了然，增加別人回頭找你的機會，也便於你將巧思發揮在卡片上，試想，當你拿到一張製作精美的名片（最好還是撕不爛的那種），你是否曾捨不得丟棄？如果你現在正要印製名片，請再確認下列訊息是否已經放上你的名片。

1. 是否包括能聯絡到你的所有方法
2. 所有你能提供的服務項目
3. 如有工作室，名稱是否響亮

訊息之外，再請你信得過的，較有美感的朋友提供些版面上的建議，基本上，設計講求簡單大方，不喧賓奪主。首批名片不要印製太多，除非你所有的業務已經上了軌道，否則剛開業，名片上有很多訊息需要添加或更換，與其貪圖以量制價，不如給自己一個較有彈性的更動空間。

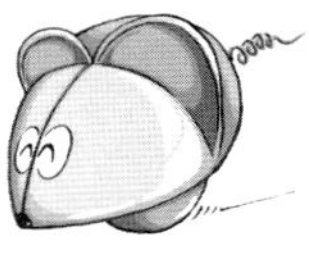

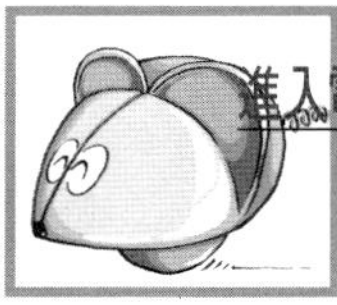

進入電腦SOHO之門

備忘錄

第三節　擇善固執的生意原則

ＳＯＨＯ族是決策者與執行者二位一體，所以在面對客户時，認為該堅持收費的項目就該絕不退讓，有緩衝空間的倒也能給老主顧或新客户一些service，之間如何拿捏，經驗顯得相當重要。

在臺灣，客人最常有一種心態，「我要最好的，但是價錢也盡可能殺到賣方喘不過氣」，不過，幾次服務下來，什麼客户難纏，什麼客户有「倒帳」的可能，耳聰目明的資訊ＳＯＨＯ族，三兩下就摸得一清二楚。不久前，才在美國拚命花光努力攢來的積蓄的陸威光就説：「到客户的公司只要十幾二十分鐘，我就大概知道這家公司肯花多少預算在要我做的計畫上。」

陳嘉霖及張舒雅不約而同的將只知道壓低價錢，不顧品質，理念無法溝通，曾有呆帳紀錄等類型的客户，歸納在拒絕往來的名單中。小艾的經驗是：「碰到壞客户倒帳，ＳＯＨＯ族通常人力單薄，如果金額不大，可能忍痛不去想他，多接幾個案子補回來就好，金額大的話，還真是欲哭無淚。」這是泰半資訊SOHO族的心態，但想想自己的腦力及精力就這樣付諸流水，為人作嫁，還真是不甘心。

所以，也有強硬派，設計網頁的Eric談到對付惡意倒帳客户的方法就是「抗爭到底。」抗爭的作法稍後在法律篇章中再詳述。張舒雅強調凡事「一分錢一分貨」，如果你有堅持的理由，那在價格上，當然就應該堅持到底。

第四節　一分錢一分貨的報價原則

開發過客源，也初步認定對方就是可以服務的對象後，接下來則面臨到「報價」，這又是另一門學問，一般來說，有萬全準備的資訊SOHO族會按市場狀況，擬出服務項目，再依行情列出價目，客戶一目了然。多半接多媒體設計案子的陳嘉霖，他報價的方法是確定每個案子基本價為新台幣三萬元，再依客戶不同的需求，或案子的大小及複雜程度調整不同的收費。

石欽元則是強調「用心的修護客戶看得到」，他的硬體維修價碼每件約在三〇〇～一五〇〇元上下，再配合問題的大小、材料費及工資等向上調整；康佑成夫婦則是依著行情清楚的列出服務項目及收費標準，他們強調設計絕對是「貨真價實」。綜合來看，行情及工程的繁簡程度，是一般資訊SOHO族的收費分類標準。

筆者曾遇過初轉行的資訊SOHO族，或許是剛開業急著有些收入，不但價碼抬得老高，光將記憶體從16Mgb擴充到32Mgb就叫價四千元，想看看價目表也拿不出來，他的說法是新客人照規定來，如果日後彼此熟悉了，才好談額外的服務，或在價格上打個折扣，這般的逆向操作，未必能收出奇致勝的效果，因為意圖撈錢的交易怎麼能說服客戶再找上門呢？除非你只想賺短線，不想永續經營。

受訪的資訊SOHO族都認為自己的收費要比公司價來得低，因為反映了沒有行政費用負擔的優勢，但是客戶如果遇到李孫文一樣的資訊SOHO工作者，個性阿莎力到不收取任何後續維修費，才真是賺到了，當然不是每個人都參得透「放長線釣大魚」的奧妙，也就量力而為吧！

第五節　討價還價最忌打破行情

雖然多半的資訊SOHO族在接案子之前，會依不同層級的服務訂出明確的價目，讓客人一清二楚，但國內風氣使然，客户討價還價的習慣屢見不鮮。

大多數資訊SOHO族碰到這種情況都會堅持價目，立場清楚的向客户說明收費標準，再由客户自行判斷。當然，在你說服的過程中，只要你的態度誠懇，同時做到李孫文所說的「比客户早一步想到」，也就是先替顧客想到日後可能增生出的需求，適時提出建議，一來顯現你的專業，二來巧妙的讓客户分享做決定的過程，以及分擔做決定後應付的責任。總而言之，你要儘量從客户的角度思考，所以事先清楚的溝通很重要。

一般資訊SOHO工作者的報價，往往已經比公司價來得實惠，但是他們也不會破壞行情，而是很有默契的訂出一個標準價格。Eric認為削價競爭是不智之舉，他認為自己報的價格絕對實在，若壓低價錢，效果可能太過於陽春，無法符合客户理想中的品質或內容，不僅客戶不滿意，一位有責任感的資訊SOHO族，也無法接受這種情形；台中的張舒雅就一再強調「一分錢一分貨」；不擅討價還價的陳嘉霖則是儘量在能接受的範圍內讓步，如果客戶真的要砍死人，陳嘉霖的做法就是「放棄」，長痛不如短痛。

每一個案子都有不夠完美的地方，或許只有你自己知道，但請你務必將原因或改進之道記錄下來，資訊SOHO工作者往往最有意或無意忽略的步驟，就是事後檢討。一個案子結束，休息玩樂都來不及，檢討？再等幾天吧！反正時間多，然而拖著拖著很容易就拖過了頭，將這檔事忘得一乾二淨。其實你可以不以文字記錄，但你卻不能得過且過，或許就是你能比同業多用功這麼一點，技術就可以提升得快些，且在競爭中多累積些籌碼，日後也有可能從過去的缺失中找到新點子！

第七章

全能資訊SOHO專家

一名左右逢源的資訊SOHO工作者，
不光會專業技術，
許多學門都需要涉獵。

不要看一個人的小工作室，如果主人不能十八般武藝樣樣懂一點，恐怕很快就玩不下去了。說十八般武藝並不誇張，因為一些你想像不到的學門都會被應用在交易過程中，傳播學幫助你維持與客戶間的良好溝通模式；如何刺激或創造潛在消費者的需求及欲望，行銷學可就扮演著舉足輕重的角色；美學的概念呢？當然也少不了囉！怎麼說？在資訊流通快速的今天，客戶的審美觀愈來愈提高，想將設計草草了事而不加入一些令人眼睛為之一亮的巧思，很難叫到好價錢不說，也有可能顧客連看都不想看！

所以，要成為一名全能的資訊SOHO族，下面各類學門中的基本知識，你就不可不留意。

第一節　傳播學幫助你直搗顧客感官

凡看過傳播理論的人都明白，在兩方交易中，「人際傳播」是最容易發揮功效的傳播模式，因為在人際傳播裡接受者（客戶）能直接收到傳播出的訊息，而且隨著接受者的眼神、姿態、手勢等暗示，傳播者（此處為資訊SOHO族）也最能察覺整個傳播過程的完整與否，或根據對方的反應隨時修改傳播內容。

所以資訊SOHO族從開始接觸客户、在客户面前做簡報，或直到服務完畢的整個過程中，可能運用的傳播技巧相當繁多，事先翻翻行銷傳播實例對你會有幫助。你要慶幸在埋首電腦畫面或電腦語言的同時，還有這麼多機會磨練你進行人際傳播的技巧，你可知道坊間美其名為「如何與人溝通」的傳播課程可是價值不菲！從做中學最是經濟實惠。

向客户作簡報是實踐傳播理論的第一課，資深SOHO族都明白簡報的重要，不僅要從中觀察客户，客户也在靜靜的評估你。所以你要知道如何穿出你的專業、知道講話時要保持不卑不亢、知道善用電腦呈現過去的作品（就不在此地班門弄斧），都是不能漏掉的注意項目。

講話態度力求一致，有些意見游移的客户，他們百變的說法很可能是想試探你的專業或你的收費底限，所以你勢必要用軟硬皆施的方法進行這次人際傳播，但也請你不著痕跡的表達，畢竟說話的方式有很多種，成功的交易才是你最終的目標，不是嗎？

小建議：

人際傳播中，傳播者的儀容也會影響傳播效果，所以隨性慣了的你在面對客户時，尤其是企業主面前，穿著絕對要考究些。

其實面對客户，服裝大方得體就差不多了，有一點還是要嘮叨一下，因為這種令人噴飯的情況常常發生，那就是男士如果喜歡白襪子配深色皮鞋，女士穿涼鞋不忘穿絲襪，請你幫幫忙，先生請換上深色襪子，小姐也換雙包鞋吧！不要再貽笑大方了！

第二節 不懂心理學，如何知己知彼？

戰國時代，孫子說「知己知彼，百戰百勝」，今天許多中外行銷專家耳聞這部中國人的智慧寶典，紛紛在書中挖寶，他們無非是想鑽研其中蘊含的行銷心理學知識，希望鑑古知今，讓自己面對顧客時能見招拆招，做成每一筆生意。資訊SOHO族多少也要了解一些心理戰中的招術，尤其當你鎖定客户對象後，他們的需求，就成了你心理戰的靶心。

一、抓住人們的第一印象

行銷專家珍娜德．艾麗莎在她的《The Four-Minute Sell》一書中，對兩方第一次見面時能運用的心理學有重點式的描述，她的幾點看法很值得資訊SOHO工作者參考：

★點頭是對話中，相當重要的一個訊號。

它可以表示同意、繼續或自己在專心的聽話，這些都不太有問題。但點頭點得不恰當照樣出問題，你一旦點頭點成習慣，對方會誤認你已同意，造成認知上的差距。

★少用笨拙的語言。

例如你想用一些語句，如「嗯」、「哦」、「這個…那個」，「這樣嗎？」來填補對話的空白，建議你最好改變方法，比較好的作法是稍作停頓，不必硬擠出聲音填空。因為必需獨自面對客戶的你，便給的口才是你最好的武器，倒不是要你油嘴滑舌、辯才無礙，而是適切的表達你的實力及想傳達的訊息。

★避免無謂的使用術語。

這對資訊ＳＯＨＯ工作者來說，很難，陳嘉霖就表示：「從前在學校，或在公司，所有

對話者都使用同樣的語言，自從開始自己面對客户之後，那套語言就行不通了。我必須用一長串不帶電腦術語的辭彙，去描述一個只要專有名詞就可以交待清楚的事。不過要站出來談生意就必須試著習慣現實。」

★新構想來自擅於聽話的人。

擅於聽人說話的人思路很廣，因為他們了解事情的來龍去脈，並且在融會貫通後，以新的角度看問題，往往新的構想就是在當下產生。換句話說，擅於聽話的人會在不知不覺中了解社會有哪些改變、需要什麼商品，或技術等。

二、應付各類型顧客之心理戰術

不同類型的資訊SOHO族所面對的客户也不盡相同，雙方在往來的過程中，也各自發展出不同的心理互動模式，清楚了客户心理，資訊SOHO族才可以輕輕鬆鬆的見招拆招，甚至也能在推動案子上屢戰屢勝。

網頁設計：網頁設計SOHO的對象，多半是沒有資訊部門的中小企業，除了設計網頁外，資訊SOHO朋友還要做些維修服務。這類客戶多半不計較網頁設計的創意，只要在網路上有一小塊屬於他們的空間，趕上這陣風潮，或能在其宣傳品印上其網址就能讓他們覺得滿足。中小企業通常不願意也不會花太多預算在你的網路設計上，所以，你必須將重點放在你的服務是如何的物超所值，再讓他們自己做決定。Eric認為：「某些客戶會像到傳統市場買菜一樣，挑三揀四還不忘要根蔥，我會和他們多聊，讓他們知道自己的需求到哪裡，畢竟實用最重要，雙方都不浪費時間及金錢。」

多媒體程式設計及電腦繪圖：這類SOHO族的客戶相當廣泛，可能是兒童出版社、小型博物館，也可能是選舉時某位候選人，或廣告公司。這類單位多半預算較豐厚，只要作品好，都有可能接到案子，面對這一類客户，就要拿出你的創意，甚至在簡報時發揮你高質感的幽默或表演天份，都很能吸引他們的注意。

軟體程式設計：不少這類資訊SOHO是替小型廣告公司做代工，所以你的客户多半本身就是專業人員，這個族群就喜歡聽見別人講和他們相同的語言，就是所謂的「行話」，你必須將頻率調到一致，溝通沒有障礙之後生意就不難敲定。

電子商務企劃：在電子商務發展初期加入的公司，多半是具有一定資金額度的企業，所以，合作之前先瞭解該企業的企業文化，如此你的企劃工作才有可能收到超過預期效果的回應。例如你要為花旗銀行設計電子商務內容，如果你能事先知道花旗銀行經常熱心的贊助社會及文化活動，而在提案時，先一步將企劃與花旗本身的活動企劃相結合，你就很可能贏在起跑點上。

硬體維修：這類SOHO族就像是一位醫生，而醫生最能平息求助者焦慮的辦法，就是詳細的說明其症狀，所以你最好能多花些時間向顧客說明他們的電腦設備出了什麼問題，畢竟，絕大多數需要你服務的客人屬於電腦外行。客戶明白你的維修方向後，不僅會對你產生信賴，也比較不會對你的出價提出質疑。

第三節 行銷學，它抓得住顧客

所有的行銷，都要從激起消費者一方的購買欲望開始，因此你首先要清楚客戶在哪裡？你是否知道顧客的期待是怎麼形成的？清楚之後，才能針對顧客的需求設計行銷的方法，這是資訊SOHO族接觸到行銷學要做的第一項功課。

一、潛在客戶在哪？

要掌握潛在客戶必須先建立資料庫，你可以從各商業同業公會那裡取得公司名錄、參加活動時與他人交換名片，或將服務過的客戶檔案建立起資料庫。發掘潛在客戶的方法其實不勝枚舉，得靠你隨時從小處著眼，且留心的收集，你的資料庫才能發生真正的作用。

二、勾引顧客的期待

長期觀察國內消費者動態的資深企管顧問衛南陽，認為形成期待的因素有三個，分別是口碑、廣告中的暗示，及客户自己的主觀判斷，這三個因素又隨著客户與你接觸時間增長，而在影響順序上有所消長（請見表七、1），所以當你了解客户在不同時段有不同程度的期待後，你就能在正確的時機中，祭出恰當的行銷策略，不偏不倚的打動客户的心。

顧客還沒採用你的產品之前，客户間的口碑有決定性的影響力，因為他們沒有主觀判斷的依據，所以準備幾件值得一提的佳作，會讓你的生意比較容易做得起來；當潛在客户成為實際客户，且對你提供服務的態度及作品品質有所了解之後，廣告變得不那麼重要；而合作過的顧客也不能小看他們的傳播效力，曾有人說過「照顧老主顧就要像照顧情人」一般，因為老主顧的使用心得是你們合作關係得以繼續下去的關鍵。

表七、1　顧客期待形成過程表

情　　境 → 行銷策略的重要性順序 → 結果

使用之前 → 口碑、廣告中的暗示、客户主觀的判斷 → 顧客期待形成

最初使用 → 初次使用印象、口碑、廣告中的暗示 → 顧客期待形成

多次使用 → 長期使用心得、客户主觀的判斷、口碑 → 顧客期待形成

資料整理：王潔予

第四節　靠美學素養出線

許多網路或多媒體設計SOHO工作者在開業前多少看過理財類雜誌，或心理類書籍，但很少聽過有人看過藝術類書刊或雜誌。除非你是設計本科出身，如果你想以多媒體或網頁設計為經營主力，請你買幾本能提升你美學概念的書來看看吧！雖然這關乎著素養，不過「勤能補拙」嘛！

多數瀏覽過網頁的朋友都曾有過一種想法，「這樣的設計，也可以拿出來賣嗎？只不過是線條及色塊的拼湊嘛！」不能否認在技術層面上，出身商業設計學系的資訊SOHO族較有設計的概念及素養，雖然具有資訊科、系、所背景的資訊SOHO族也會做，但如何能巧妙又嫻熟的組合線條、色彩及幾何圖型，而且組合出來還要兼顧賞心悅目，達到畫面和諧的要求，可能還得靠個人不斷自修來加深功力。

法國有位美學學者J.J.德盧西奧‧邁耶曾說：「藝術家必須仔細考慮人類眼睛的感受能

力。要能預期人類眼睛如何做出反應，這需要大量的經驗。」當然資訊SOHO工作者不必成為藝術家，但多多觀察人類眼睛對自己設計的成品的反應，倒是訓練自己對美更敏銳的一種實際作法。

第五節　行政流程明確則事半功倍

資訊SOHO族不要聽到行政工作就面露嫌惡，心想「我就是不能忍受死板的行政體系才逃出來，幹嘛又替自己找麻煩！」請放心，小工作室的行政工作不會複雜，若不在起頭時規劃一套專用的行政流程，到後來痛苦的還是你。本書中將資訊SOHO族應了解的行政工作，分作建檔、基礎會計及善用時間三大項。

一、習慣建檔

筆者綜合資訊SOHO先進們的經驗，他們有的曾因為找不到一張重要的應收帳款單、電話費繳費收據，翻箱倒櫃搥胸頓足；更別提如果遺失或錯置與客户之間往來重要書信的後果，所以，行政工作還是要做。

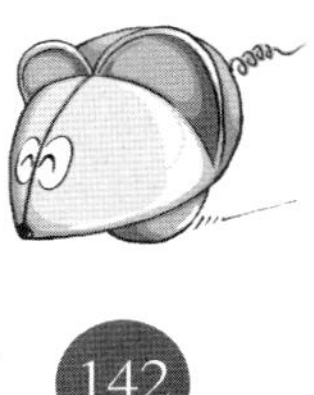

先講收文，每次收到公務上的來文，先編上來文處及流水號，簡單容易讓自己辨識為原則，這是建檔的動作。如果要用電腦建檔當然最好，建議你可以用單位名稱或個人姓氏筆劃安排入檔順序。

如果你不用電腦建檔，可能就要準備幾個架子及櫃子，架子分待處理、速辦、待歸檔及外出辦理四欄，而櫃子則是用來存放檔案。來文要求的應辦事項完成後，在檔案上註明你回覆的日期，這是完檔。你看，就是那麼簡單！

二、會計概念

會計是行政工作下相當重要的一項，你可以選擇一手包辦，或委託會計師代理。

如果你選擇自行理帳，你必須先準備一本冊子，將凡是與金錢相關的項目都列在會計一欄下。如申辦營利事業登記證、統一發票，及依照會計項目登記金錢流向，記帳的好處可使你掌握現金流量，便於日後編列預算，最終達到開源節流的目標。再者，年終報稅時，若你想節稅，也可提供會計師做為計算的依據。

此外，你可以效法一般專業的會計作法，將所有金錢出入項目，也就是前一段提過的金錢流向，分別列在資產負債表及損益表兩類。

筆者按：可訂為每個月總結算一次。一般項目包括：籌備時的購置器材費、房租（適用於在外租屋者）、電腦折舊攤提或加速折舊、升級等。

損益表內容指的是純粹用在商品上的費用，根據會計作業中固定的會計科目包含：收益中的顧問收入、收益合計，及支出費用中的電話費、水電費、租金費用、辦公用品、廣告費、保險等營業費用。

如果你打算延請會計師，他們除了能替你省去記帳的麻煩之外，還能幫你申請營利事業登記證、統一發票，及登記申請公司等等，不用你親自動手。

三、善用時間

有經驗的資訊SOHO工作者回答電話簡單明瞭，不說廢話，答應能力所及的事，因為他們知道「時間就是金錢」。最容易打斷資訊SOHO族工作的原因有下列幾個：電話、不速之客、不專心及尋找東西。

現在電話答錄設備價格相當低廉，小小設備卻幫忙多多，它替你過濾不必要接的電話，當然，你自己也要懂得長話短說，告訴自己也告訴朋友公務時間只談公事。根據筆者觀察，資訊族多半擁有呼叫器及行動電話，這些也是他們常用來過濾電話的工具，你可以參考。

還記得前面提到過的德國琵雅嗎？她的經驗是當親友知道她在家工作後，偶爾會要求她幫忙帶小孩，這使得她的工作時間被打散。如果你一旦不以堅定的態度拒絕，你的噩夢即將開始，因為有一就有二，所以最好是明白的告訴不速之客，在家，你也是在工作，你也有工作及時間的壓力。

保持專注絕對是一門學問。因為不專心會殺死你！

一點也不誇張，如果你必須在星期五之前完成案子，你混到星期三只做了一半，該睡的時候不能睡，不是精神上的折磨嗎？做網頁的陳嘉霖坦承：「和在公司時比較在家工作效率較差，因為雜務太多，不容易投入工作中。」但是設計工作需要全神貫注，因此在時間的規劃上你必須小心謹慎。

最後，雜亂無章是個惡習！如果遲遲不擺脫這個惡習，你花在尋找的時間很可能佔去你出門拜訪客户的時間，因小失大大不智，所以何不練習著從現在就開始從小處著手，妥善運用你的電腦能力，看過一齣琥珀戈柏的電影嗎？她的個人秘書用電腦歸檔，讓琥珀非常印象深刻，彈指間公司內所有事務井然有序。請記得，善用色卡、標簽、編碼檔案夾、懸掛式收放夾的檔案櫃，及名片收納盒等工具。

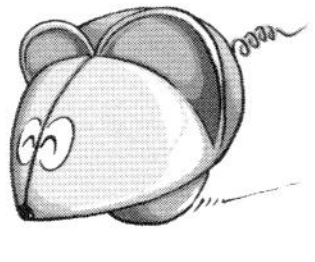

第六節　法律常識保護自己

大多數資訊SOHO族以電腦網路作為工作桌面，過程及成果都呈現在網路上，與網路的關係密不可分。也正由於網際網路的急速發展，傳統的商業經營、金融服務與交易習慣等受到強烈的衝擊，一場世紀性的變革正悄悄的進行。

為對付因電子商業興盛所帶來的諸多法律問題，統籌臺灣資訊工業發展的先鋒部隊——資策會，特別設置了一個科技法律中心，專門解決與電子商務相關的法律問題，法律中心裡附有律師顧問團，隨時接受企業提出的疑問。負責籌畫顧問團的法律中心主任陳家駿律師指出：「與SOHO族相關的電子商業法令很多，包括著作權法、商業登記法、消費者保護法、公平交易法、商標法、銀行法與相關稅法等。」

平時與客戶在蜜月期時當然看不見問題，一旦翻臉，沒有一群專家從旁協助，SOHO族想單挑客戶恐怕相當吃力，因為有這麼多法律規章需要先了解，所以資訊SOHO工作者往往就只是認栽倒楣，如果你不想摸摸鼻子認衰，就去麻煩這批學有專精的律師吧！在資策會特別設置「網際網路商業應用計畫諮詢服務網站」中，他們為你免費回答相關法律問題，此外，傳統的書面解答方式仍然存在。

附帶一提的是政府目前為了因應電子商務時代的來臨，已「積極」進行各項相關法律修正之「研究」，敬請拭目以待。

一、應收帳款催繳

收不到應收帳款是資訊SOHO族面臨到最實際也最惱人的問題。是該捨棄一個大客戶提出告訴？還是為維持良好關係，而忍氣吞聲？主要業務為網頁設計的Eric說：「我絕不姑息。」你可以問問自己，如果還要與這類客戶維持關係，慘狀是不是會再三發生，如果是，那就得考慮提出告訴的可行性。

通常應收帳款催討不得的訴訟流程是當客戶一開始使用你的作品時，你就可以立即告知

客户儘快付費，如果得不到回應，你就開始寄存證信函，以盡到法律上告知的義務，客户若收到三次存證信函，還置之不理，便可提請法院處理，SOHO工作者不但可連本帶利收回，更可以告對方抄襲及盜用。無論如何，商談合作前，簽約的動作千萬不能省，所謂「親兄弟明算帳」，除非歷次合作下來，你已經相當認同客户的信譽，否則沒簽約的苦果只有靠你自己嚐。

二、商標註冊

在商標註冊方面，資訊SOHO族會面臨到的問題，可能發生在當你靈感缺缺時，瞥見某個企業的網站設計極具創意，未經大腦思考下，全盤抄襲或引用別人網頁的內容；也有可能，網頁或軟體設計者，在原軟體產品商標專用權業者尚未同意或實際授權使用前，就援用該公司的軟體原始碼內容，並使用其公司商標，殊不知已侵害到別人的商標專用權，且必須承擔不輕的民事或刑事責任。

從兩個角度看商標註冊，一是要懂得如何註冊避免被抄襲，另一就是了解借用他人智慧財產的底限在哪裡。

資訊ＳＯＨＯ工作者要如何申請商標？首先，應備齊商標圖案及字樣、申請人營業證明、具結書、申請書，若有代理人則需檢具委託書一份，到經濟部中央標準局辦理。申請費用又分為兩類，一是政府規費，每件申請案新臺幣二千五百元；一是服務費，額度在三千至四千元之間。

一般來說，審核時間約在八個月左右，不過，通過初步審核還不代表申請人就擁有了商標所有權，必須先公告三個月，期間內若沒有人提出異議，才算達陣成功。

有人有意見那又如何？屆時必須在法定期限三十天內到經濟部「上訴」，若仍遭滑鐵盧，親愛的資訊ＳＯＨＯ朋友，你就必須先衡量商標對你的重要程度，再決定是否繼續爭取，因為賺錢的本業才是投資時間的重點，如果你是吃了秤鉈鐵下心要將商標拿到手，可到行政院進行「最高上訴」。

一位有經驗卻不願透露姓名的資訊ＳＯＨＯ前輩，在此傳授一招，他認為算來算去，申

請商標絕不會浪費錢，因為申請後不立即使用，別人也很難檢舉你，除非公司歇業一年以上，不僅如此，商標就與很多證照一樣，他用自用兩相宜，怎麼說？因為將商標轉賣給需要的人可以賺取之間差價。

接著，要談談如何適當享受別人的智慧結晶。民國八十六年修正後的商標法，添加了許多人性化的色彩，也就是善意使用及普通使用免責的出現，同時還加入第一次銷售的觀念。

1. 善意使用免責

先使用某標示的資訊SOHO族因為沒事先註冊，讓別人搶到機先，雖然他仍可繼續使用該商標，不必擔憂仿冒的指控，但使用範圍卻不能超出最初的商品。而且，商標專用權人可要求善意使用人再加上區別標示，以免混淆。

2. 普通使用免責

若以普通方法，如自己的名字、商號、該商品名稱、功用、品質、出產地，或其他有關商品本身的說明等，附註於商品上者，不受他人商標專用權效力之拘束。舉例來說，曾優秀小姐一天設計出一個很酷的網站，並以cubile為名申請到專利，若日後業界決議用cubile稱呼新研發出來的一種物件，不會侵犯到曾優秀的專利，但若某公司以cubile做商標則另當別論。

3. 第一次銷售理論

商標法第二十三條第三項明訂：「附有商標之商品由商標專用權人，或其同意之人，於市場上交易流通者，商標專用權人不得就該商品主張商標專用權。」簡單來說，就是二手貨品買賣，無損於貨品生產廠商的商標專用權。

4. 公司登記

你可以個人工作室名義登記申請公司，只要資本額五萬元即可，但在此提醒你不是每個地點都可以提出營利事業登記申請，如果你計劃在住宅區裡成立工作室，你可能無法以該地址申請，就要另覓他處才成。

第八章

如何做短、中、長期的事業規劃

無論你的資訊SOHO經驗是短是長，
這幾年一定是你職業生涯中成長最快的一段時間，
在這人生的轉捩點上，
不妨思索體驗SOHO生活後的路該怎麼走！

【人生路上沒有原點】

資訊SOHO工作者的工作壽命其實有時間性，每位要踏入這個行業的新人，都應該有這樣的心理建設。不表示這一行的生意不好做，而是到了一個階段，你會想轉換舞臺，做些不需要外出找客户的工作，或結合幾位資訊SOHO同業組成小公司，將一己的經驗與人分享或傳遞給後進。反正有很多可能！

只要你做得有聲有色，業務量就會持續增加，屆時你也可能需要更多的人幫助你，這也是為什麼部份資訊SOHO族需要找個人的「小包商」，甚至有小型公司的雛型開始浮現，接著你會面臨籌組公司的繁雜手續。

也有可能，你做得不好，意興闌珊的重新回到朝九晚五的上班族洪流裡，陳嘉霖就瀟灑的認為「失敗了，大不了再回公司上班」，如果每位資訊SOHO族都能如此豁達，那天下太平；如果不能，也應該學著從失敗中求得經驗，東山再起不是不可能，檢討失敗原因作為下一次參考，記得導演吳念真曾說過：「人生永遠都不會有完全的原點。」一點也沒錯！

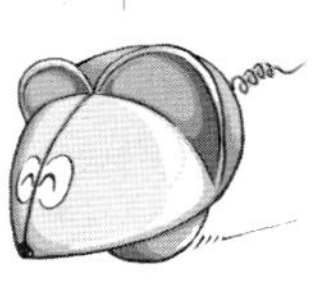

【資訊SOHO生涯三部曲】

基本上，每個資訊SOHO工作者對現在的工作，都該抱著全力以赴的心去衝刺，因為未來的生涯規劃多半脫離不了與資訊工作相關的範圍，因此今天的努力都不會白費，所謂「凡走過必留下痕跡」。資訊SOHO工作者在短、中、長期各有不同的目標，每個階段的格局及資源勢必不同，建議你只求做到能力範圍內的最好，如此才踏踏實實，為下一個階段紮下穩穩的基礎。

第一節 短期內目標

一、以個人優勢創造獨特品牌

資訊SOHO工作者多半認為凸顯個人優勢固然重要，但紮紮實實的做更重要，康佑成就曾表示：「因為接觸的客戶都是從事這一行的專業，所以我們做得不好，不用我們推銷他們心知肚明。」

一般所謂的優勢是當你最初成為資訊SOHO族時，能幫你打響名號的資源，或許是人，或許是個人的實力。簡單的說，每個人的背景就是他們的優勢，原來景觀系畢業的學生，在景觀造景界就累積了不少訊息與人際關係，再配合以電腦繪製設計圖的方式來做景觀，就創造出他們的獨特風格。原來學資訊工程的企管碩士，以個案研究的企管理念來綜觀各產業時，看出網路與出版業結合的大好遠景，於是，成立網路書店。記得臺灣大哥大董事長孫道存曾說過：「經驗要用才有它存在的價值。」

所以，個人優勢就在自己的腦子裡面，你累積了多少資源，只有你最清楚，善用它吧！聰明的資訊人。

二、建立行銷管道

歸功今日網路及多媒體科技的發達，大大小小的公司行號，莫不計劃擁有一個屬於自己的網站，但在多得幾乎氾濫的網站中，設計具不具創意，吸不吸引顧客，卻是高低與成敗互見，所以對資訊SOHO族來說，這是一個光明的時代，卻也是一個黑暗的時代，因為要面臨的現實競爭更激烈，環境也更艱險。

在商言商，做生意最講究的就是行銷管道順不順暢，管道打通了，生意源源不絕，打不通，恐怕就等著走回頭路重操舊業了囉！別擔憂，在此彙整出SOHO工作者在剛起步時，為維持客源硬是摸索出的行銷招術，你不妨參考。

招術1　顧客及朋友口耳相傳。

無論是透過前輩指點，或親身經歷，以SOHO作創業起步的人，都有個「放諸四海皆準」的概念——靠品質建立口碑，畢竟，這個行業沒有公司「眾志成城」的力量，穩紮穩打的留住客户成了一個很重要的策略。選擇這項的SOHO族最多，所以，土法煉鋼還是有它存在的價值。

招術2 主動告知朋友工作室近況。

不少SOHO工作者擁有自用的網站，藉此定期公告消息，小艾就是「SOHO的天堂」的站長；台中的康佑成也有自己的網站。

招術3 參加社團。

例如：社區讀書會、各地同濟會、各類公會。康家二人組就參加了建築、造園及設計三種公會，保持與同業或客户間的良好關係，方便日後互通有無。

招術4 加入「傳銷公司」。

我們要為想到這個點子的人鼓鼓掌，因為在傳銷公司能接觸到形形色色的人，人脈很容易建立起來，不過得小心不要被口才便給的傳銷大户反將一軍才好。

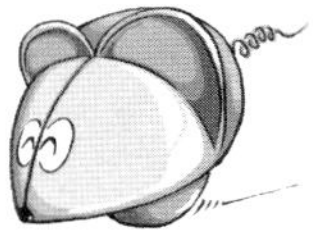

招術5 提供售後服務。

石欽元認為售後服務馬虎不得，客戶接過成品後用得順不順手，資訊SOHO族還是要關心，因為這也是建立行銷管道的一招，做得好，說不定還有下次機會為同一位客戶或他的朋友服務，做不好，就別想有下次了。

招術6 此外，還可主動召開業務說明會。

所謂「坐而言，不如起而行」，直接面對有需求的客户進行說明，往往效果直達人心。開設工作室已有五年歷史，經驗老道的張舒雅推薦這招，不過，可能對稍具規模的工作室較為適用。

第二節　中、長期目標

單打獨鬥的資訊SOHO個體户，一旦業務量加大後，又面臨到另一個三叉路口，徘徊著要繼續做SOHO族，還是做老闆，還是……，不論你選擇哪一條路，都會碰到一些難關或惱人的手續，就像當初跳出朝九晚五如撞鐘般的生活而選擇做一名SOHO族一樣，但是現在你比幾年前多出了許多經驗，這些小麻煩其實是難不倒你的。

接者就以你要自己成立公司、加盟、轉型及繼續朝資訊SOHO工作求精進四類中、長期目標做實例分析及建議。

一、組成公司

由於你經營個人工作室的成功經驗，你決定要更上一層樓擴大你的經營規模，如案子源

源不斷的李孫文在九九年就曾經歷是否成立新公司的關鍵時刻，而他面臨的主要問題是申請營利事業登記證（請參見表八～一）時必須確定辦公地點這一欄，由於合作夥伴是分散在各地的資訊SOHO族，面對這個問題，李孫文可是傷了一陣子腦筋，若你正被相同的問題困擾，建議你大概要借「殼」登記囉！

【表八～一　申請公司及營利事業登記辦法】

申請項目	承辦單位	辦法
申請公司登記	各縣市政府建設局	依經濟部委託或授權各級政府及其局（處）辦理業務暫行辦法規定，凡公司實收資本在新台幣三千萬元以上，向經濟部辦理登記。
申請營利事業登記	負責審查的單位有建設局、工務局、警察局（含消防大	欲從事商業活動，依規定應向主管機關辦理登記。政府為便民及實行一證通用，將商業登記、特定營業登記、營業登記及其他依法令應辦理之登記或許

	隊）、稅捐分處、衛生機關等	可，納入營利事業統一發證範圍。由建設局綜合各單位的審查意見後，核駁營利事業登記證。
備註	申請上述二者前，應先就擬定經營的行業類別，及擬作營業場所的房屋，向工務局洽詢是否符合都市計畫法、土地分區使用管制規則、建築物使用管理規定，經確認符合規定後，再行租（購）房屋，依法提出登記申請，以免因不合規定，未獲核准而遭致投資損失。	

資料來源：台北市建設局及省建設廳

1. 建立公司骨幹

建立公司骨幹必須做好前置作業。首先，你要設定未來公司提供的是什麼獨特的資訊商品、情報，及服務給顧客。

再者，積極的延攬人才，開始培養新人以供調度或支援。現在你的財務也可以多一點變

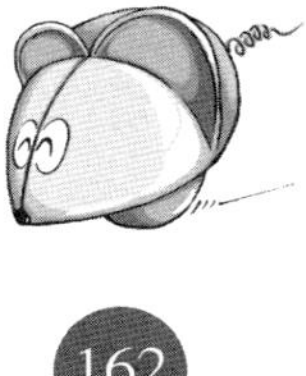

化或做業外的投資，畢竟，公司的開銷增多，原本的理財方式有可能不敷使用。

最後，公司的領導者要思索建立起一種企業文化，不僅能吸引更多認同此精神的人才，更能凝聚員工向心力，發揮眾志成城的力量。同時，也要開始勾勒一些經營願景，才不會經營得漫無目標。

2. 合股得先簽約

如果你的公司是與朋友合作的合股制，也請別忘記一起研討經營合約書（請參見表八～二）。

【表八～二　合股人合約書內容】

合約重點項目	規範內容
經營方針	如成立宗旨、精神指標、經營理念，及未來預計達成的目標。
股份	依持有股份多寡的不同，清楚的標明各自應負的責任，這是合夥人間該有

	的共識。
監察人制	若合夥人在五位以上，最好按一般企業的規矩辦事，監察人制就是其一。有監察人的牽制，最大股東才不會獨斷獨行。
公基金	保留盈餘以供拓展事業之用，可明定凡最大持股人動用公基金前，必須經股東們的同意。
發展基金	為在商場上搶得先機，發展基金是一筆可靈活運用的資金。
經營績效基金	鼓勵經營幹部們創造利潤的預算，這是需在建立公司時就要完成的規劃。
幹部紅利	立意與前者相同，對象則是第一線的幹部。
股東配利	以明文規範分配比例及核發時間，不需再召開股東會議。
股東權利及義務	白紙黑字，盡該盡的義務，享該享的權益。
轉投資限制	九八年臺灣金融危機的殷鑑不遠，一些投機的轉投資千萬要受到節制，否則不單單是企業領導人搞得身敗名裂，公司也弄得搖搖欲墜。
退股資產計算方式	這是在拆夥時會用到的一項，但是天下沒有不散的筵席，趁早規劃資產計

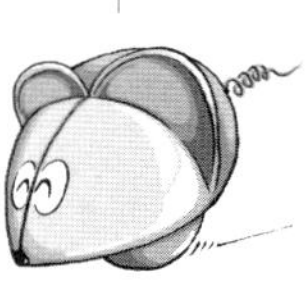

	算方式，別等事到臨頭大家才撕破臉。
其　　他	股權轉讓限制條件及股東死亡或殘疾時的股權處理。

資料整理：王潔予

3. 籌措財源

除了拿出自己的積蓄、向家人求助，或向銀行借貸外，還有一種更簡便的籌資方法，那就是在九八年臺灣的金融危機時聲名大噪的中小企業信保基金，但前提是你必須對自己事業的發展前景深具信心，如果你連自己都說服不了，怎麼能指望貸款機關拿錢出來支持你呢？

【中小企業信保基金】

自從民國六十三年成立以來，信保基金已幫助過十萬多家中小型公司，最知名的就是宏碁電腦。根據民國八十七年十二月最新修定的施用對象，其中適於資訊SOHO族申請的項目有四個（請參見表八～三）。而中小企業信保基金也針對不同的申請項目，授與不同額度

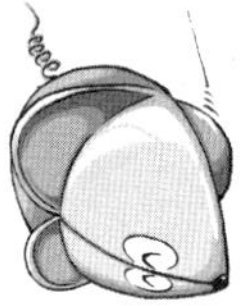

的貸款，請見表八～四。

【表八～三　資訊SOHO工作者可申請之中小企業信保基金項目】

可申請項目	申請人資格
一般事業	1.依法登記、獨立經營、領有營利事業登記證之企業 2.最近一年營業額在新台幣八千萬元以下，三百五十萬元以上 3.連續營業已達一年以上
小規模商業	最近一年營業額未達新台幣三百五十萬元，符合一般事業其他要件之小規模企業
創業青年	經行政院青輔會審查合格，創立事業之青年
自創品牌企業	符合財政、經濟兩部核頒之「自創品牌貸款要點」規定之企業

資料提供：中小企業信保基金

【表八～四　中小企業信保基金保證內容】

信用保證項目	授權額度	保證手續費年費率
一般貸款	1,000萬元	0.75%
商業本票保證	500萬元	0.75%
小規模商業貸款	150萬元	0.75%
履約保證	1,000萬元	約0.5%
自創品牌貸款	2,000萬元	0.75%
青年創業貸款	每人60萬元	0.75%
發展貸款	1,000萬元	0.75%

資料來源：中小企業信保基金，民國八十七年十二月底

【表八～五　你可以在哪裡找到信保基金】

區域	地址	聯絡方式
北區	台北市羅斯福路一段六號四、五樓（仰德大樓）	電話:(02)2321-4261 傳真:(02)2321-4682
中區	台中市西區台中港路一段一六〇號五樓之三	電話:(04)322-3617 322-3671 傳真:(04)323-7031
南區	高雄市苓雅區中正一路二四九號六樓之一	電話:(07)716-4146 716-4152 傳真:(07)716-4228

4. 電子商業協盟

當你工作室的規模已足以成為一家小型公司後，你就可以考慮加入經濟部商業司籌組的「電子商業協盟」，這個成立於民國八十六年二月的組織，其宗旨是為了推動臺灣電子商業網路購物環境發展。成為會員後則可以在定期舉辦的研討會中，接觸到同業、金融業者、法律專家、硬體供應商，甚至政府單位，從與政府單位的直接溝通中，清楚官方的動向，以掌握機先。

二、加盟大公司

有人考慮成立小公司，也有人怕麻煩，乾脆加入某個設計公司，就是時下最流行的「加盟」，你仍可在家中工作，公司中心利用傳輸網路聯繫及分配工作，你應該看過珊卓・布拉克的《網路上身》吧！她就是網路設計公司的一員，非但能保有自己的作業空間，也可以享受公司提供的資源，團體戰能運用的資源畢竟比個人要多些。

一旦工作室規模膨脹，首先需要擴充的就是人力。舉例來說，一個完整且有力的網站首頁設計，其實需要美工、行銷企劃、專職文案、程式設計等等專業人員的合作，雖然一個人也做得起來，但是大案子一多的時候，在既要快又要好的雙重壓力下，對上述黃金組合的需求勢必大大增加。說到這裡，不禁再次強調，照這樣細分的結果，在臺灣各類型資訊人的確還有很大的發展空間，值得你去努力。

三、專業中的專業

許多資訊SOHO族在進入這一行的頭幾年，多半會跨兩三種業務，當然是著眼在平衡收支，有人在設計試算軟體之餘，兼著設計網頁；或設計多媒體軟體的同時，還在代售電腦及其他配備，但一心二用的結果，收入及專精程度不見得有明顯的提升，所以不少資訊SOHO族在事業發展的中期，選擇朝單一業務求發展，這也是相當符合潮流的作法。

目前兼營兒童電腦班的張舒雅就希望有一天能結束電腦班及電腦代售業務，專心做設計的SOHO族，因為她認為那個才是本業，經營太多業種，反而使本業受到影響。

四、轉型

還有一類資訊SOHO族他們沒有擴大業務的念頭，但是他們打算「轉型」。類似狀況發生在各行各業裡，當你了解了一個產業的生態，或當你在一個產業中能運用的資源增加時，你的眼光不再侷限於過去的視野裡，換個跑道是很有可能的選擇。陳嘉霖就是如此打算，他不是沒想過籌組公司，但他認為自己比較被動的個性，不太適合管理一個企業，所以他會朝行銷企劃的路走，在那個領域裡，技術色彩減低了些，但對自己統合能力的需求卻明顯提高，他認為現在的經驗會讓自己未來的企劃更具「實現的可能性」。

第九章

你可能遭遇到**挫折**

挫折在平凡人眼中就是挫折，
挫折在勇者眼中是磨練，
立志從事資訊SOHO工作的大多是勇者，
不但接受磨練，
還琢磨出對策。

【不論這行的好與壞，你都要接受】

對一些才剛剛加入SOHO行列，還會在腦中勾勒美景的新資訊SOHO工作者，資深SOHO族會面帶微笑但態度堅定的告訴你：「看雲聽海，你想都別想！」

雖然SOHO族可以享受工作時間彈性大的好處，但你也要有心理準備，因為天下事絕對沒有盡善盡美的。SOHO工作者擁有的優勢，也有可能演變成你生涯規劃中的障礙。例如公司小而美，雖然你可以隨心所欲的做出任何決定，但是蠟燭兩頭燒的情況絕對不能免，所以你不能只埋首在專業技能裡，遇到問題時，還需要分心去研究解決之道，沒有主管幫你扛責任，或同事的後備支援，甚至，心裡「不爽」的時候，自己還要當自己的心理醫生。

所以，即使事前的規劃做到百分之百，也會遭逢到無法掌握或扭轉的狀況發生，以下就是資訊SOHO族可能面臨到的幾種挫折，筆者希望你能藉著閱讀他人的經驗，使你在面對類似的困境時，仍能保持平常心，畢竟，你不是第一個面臨相同問題的人，既然別人能化解危機，那麼，你也可以。

一、白做工──應收帳款催討無門

資訊SOHO工作者或多或少都遇過應收帳款收不到的情況，陳嘉霖的方法是「儘量催囉，要是真收不到，也沒有辦法，反正損失的只有時間和智慧財，沒有很大的成本支出。」看情形，收不到帳還不至於讓資訊SOHO工作者有太大的挫折。

分析

勢單力薄的個人很難和公司相比，所以類似陳嘉霖的想法，頂多是求心靈安定的好方法，而且，在目前政府還沒有眼光看到這個領域裡已有越來越多的糾紛，進而制訂出一些具約束力的法律條款前，資訊SOHO族似乎也只有這麼做了，不過在現實生活裡，如果幾個月內碰到個兩三次，你可能就會叫天天不應，叫地地不靈了！

對策

除了先儘量自我砥礪做到顧客要求的水準之外，資訊SOHO族還能有些預防措施，具有信譽的公司，一定會要求一份報價單（參見表九～一）做評估發包的標準，彼此同意後你必定要求對方承辦人簽章，如此一來，帳就跑不了了（這是筆者一直強調的上上策——「先小人後君子」）。

如果客户公司規模比較小，則你可以自擬一份制式合約書（參見表九～二），要求對方簽認，至少有一份書面的確認保證，收不到款的機率就減少了，但若不幸遇到死皮賴臉的客户，要不要尋求法律途徑，就看你如何界定「和氣生財」的範圍囉！

【表九～一　報價單範例】

日期：○○年○○月○○日

案子名稱：○○○○○

客户：○○股份有限公司 地址：台北市○○○路○段○○號 電話： 傳真：

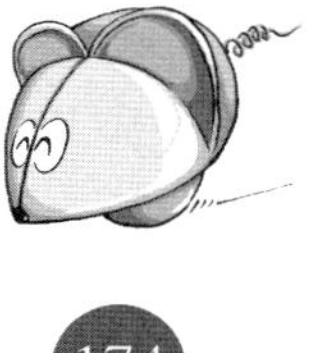

名稱	內容	金額	備註
○○○○設計	XXX．．．．共約○○頁	○○○○	
小計		○○○○	
營業稅		○○○○	
合計		○○○○	
備註	一、本報價單有效期限為30天。 二、如蒙惠顧，簽約時即先收30%定金，驗收完成再收70%。		

表格提供：陳嘉霖

【表九～二　合約書範例】

○○制式合約書

簽約雙方均同意以下事項：

一、立約人：(1) 委託服務公司 ○○○○○○○○○○○ 以下簡稱甲方，(2) 服務公司○○○○○○○○○○，以下簡稱乙方。

二、簽約雙方均以公司為對象，簽約代表人不在職時，本合約依然有效。乙方依約定提供服務，甲方應依約付款。

三、本合約壹式貳份，由甲方及乙方各執壹份，如有更改或特約應貳份一致，無雙方印信之合約修改視為無效。

四、若因本合約涉訟，雙方同意以臺灣臺北地方法院為第一審管轄法院。

五、甲方委託乙方於民國○○年○○月○○日前完成網頁製作共○○○頁，費用共計新台幣○○○○○元。並同意付款依簽約時繳交總額之三○%，驗收完成時繳交總額之七十%之方式進行。

六、甲方須於民國○○年○○月○○日前依乙方書面通知應繳必要之資料交與乙方。如未能於限期內繳齊資料，致使乙方無法於約定時間內完成，則乙方可自動延遲相等時間履約，且甲方應補償乙方因延遲時間所造成之業務損失，每日新台幣貳千元整。

七、乙方須於約定期限內完成驗收交件，如在約定期限內無法完成，則須每日繳交違約金予以甲方。違約金為每日新台幣貳千元整，如至民國○○年○○月○○日，乙方仍無法完成合約，甲方得中止合約並請求損害賠償。

八、乙方於本約有效期間須與甲方就網頁表現手法及方式討論及確認，並依甲方之需求製作網頁，但確認次數以三次為限。

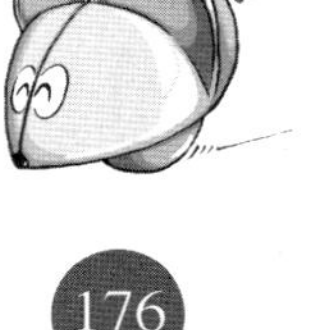

九、驗收後，乙方於三個月內仍須負責維護網頁修改。維護內容以文字修改為主，如涉及圖形或編排之修改，乙方得視修改之規模酌收費用。

立約人

甲方(公司)：

簽約代表人：

統一編號：

地址：

電話：

公司印信：

乙方（公司）：○○○○科技股份有限公司

簽約代表人：

統一編號：

台北市○○路○段○○○號

電話：

傳真：

公司印信：

表格提供：陳嘉霖

二、理想與現實的拉鋸戰

許多資訊SOHO工作者都曾有過天人交戰的經驗，為何而戰？還不是理想與現實！選擇「大量製造」以獲利，還是追求「精心設計」實現理想，常常困擾著小本經營的資訊SOHO族。陳嘉霖就曾是個活生生的例子，一位同業邀他一塊兒做圖像修改等類似代工的案子，訂單預期是應接不暇，但陳嘉霖卻認為和他的設計專長及興趣背道而馳，沒有挑戰的工作對他而言沒有價值，最後他選擇放棄這項合作建議，固守每項作品都是心血結晶的堅持。

分析

每位肯定SOHO工作型態的朋友，大多曾有「在別人底下工作」的經驗，過去不是在時效上遭到緊迫盯人的「恐嚇」，就是「完美傑作」被修改得體無完膚，咬牙之下，乾脆fire老闆及主管，不再做個受氣包。

但人算不如天算，fire了老闆，卻仍舊擺脫不掉主從關係，因為你的老闆變成了你的客户，不過，你還是可以從樂觀的角度來想，能夠自由的選擇客户，同時能適時的灌輸客户你的想法就是這份工作的優點，畢竟，你們的目的一致，客户不會嫉妒你，扯你後腿。

除此之外，當下的資訊技術日新月異，如果只為眼前的獲利，放棄多做多錯的機會，非常可惜，李孫文更認為只做些代工的後果就是加速縮短生涯壽命。

對策

筆者認為你就是全心全力的做到「某某某出品，客户有信心」，唯有產品品質做到無懈可擊，才能從過程中獲得成就感，而且亮出招牌獲得客户肯定才能做到經營企業時常講的「永續經營」。正如李孫文所說：「每個程式都像是自已的孩子，所以怎麼將它做得最好才重要，其他我不計較那麼多。」

三、心情鬱卒拉低效率

前面曾坦承個性中帶有悲觀色彩的陳嘉霖，他剖析自己在做了資訊SOHO工作者後，情緒波動變得比較大，常常因為心情低落，工作只得擱置，等到低潮稍過才再繼續工作。調整情緒，是瓜分許多資訊SOHO族時間的原因之一，看來事小，其威力足以讓人喪失衝勁，放棄原來的計劃。

分析

俗話說：「獨樂樂不如眾樂樂。」在自己的小工作室裡，沒有辦法在一清早聽到三姑六婆大談八卦消息而精神為之一振，也沒有辦法看到某位同事大膽亮眼的穿著而眼界大開，相對來說，心情平靜且沒有波瀾。也許對於天生好靜的你，覺得遠離了人多是非多的環境，正好在事業上衝刺。

對策

但持平而論，生活裡少了同事就明顯的少了些樂趣，有時心裡鬱悶，去哪裡找個有類似經驗的人分享你的感受呢？所以，親愛的資訊ＳＯＨＯ族，建議你千萬不可以「自閉」！即使工作壓力再大，也要多出去與外界接觸，因為既然自己能調配的時間增加，就更要妥善的安排充電及社交計劃，不但可以將吸收到的新資訊集結成工作上的素材，更可累積人脈，成為你無形的資本。

建議你，除了活潑的動態活動外，最好能培養出一項嗜好，尤其是玩電腦外的嗜好，如閱讀或運動，甚至是品嘗美食，到美術館上課，身為資訊ＳＯＨＯ族，你其實有更清晰的思考能力，去決定自己的生活要怎麼過，恰當的排遣因為孤單帶來的苦悶。

另外，如果你自忖不容易受到干擾，不妨在工作室裡放台小型音響，鎖定專放音樂的頻道或自己喜愛的音樂CD，因為音樂帶給你的放鬆效果或靈感可能超出你的想像，何不試試！

四、景氣壞壞無以為繼

景氣這個因素造成的挫折感誰都沒法躲得過，想當初九八年，由東南亞刮起的一陣金融風暴，使得國內一票大型企業跳票，牽連著中小型企業過了整年的寒冬，而且之後的復原期拖了很長一陣子。

分析

景氣不佳，恐怕是資訊ＳＯＨＯ工作者最束手無策的困境，因為客戶的所有預算，包括開發業務或企劃廣告費用都趨於保守，以不變來應萬變是有志一同的做法，當然這時侯，處於下下游的資訊ＳＯＨＯ工作者們，你的因應之道唯有「開源節流」了。

對策

這裡可能要稍微回應到我前面提過的開發客源、發傳單等對策。往往在非常時期中施展

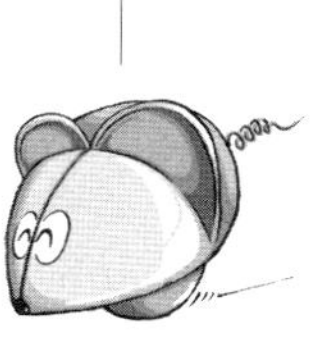

的招術是如此的平凡，也就是所謂的小兵立大功。

景氣不佳時，鞏固原有客户的收入很可能讓你安安穩穩渡過黯淡的日子，所以你絕對不要小看既有的客户，不過，要抓牢客户的心，必須從建立客户資料檔案做起，並隨時記錄客户的需求，主動提供相關服務；如果你很幸運的在這樣的時局中還能有案子接，你千萬不要忘記為客户做更精簡的提案，贏得客户的信賴，因為景氣終有一天會好轉。在困難時建立的友誼，往往要比平常更能持久一些！

至於節流，你要做的可能就是加倍留意記帳的工作，掌握開支，力行一分一毫花在刀口上的原則。

五、合夥人拆夥

當初美國英代爾公司也是由三位年輕人從小公司開始做起，等到公司發展到遠景一片大好之際，三人卻因為各自生涯規劃的不同而分道揚鑣。如果你的工作室當初是合夥制，就有可能隨著經營時間的延展，或在某一天股東們對資金運用、股份分配及經營的理念上出現歧異時，面臨拆夥的命運。

分析

曾經在前面的章節裡提過有合作夥伴的優點，合作成員如果專長多元，則能收相輔相成之效，既然大家當初會有合作的機緣及背景，必定是覺得志趣相投或目標曾經一致。不過，如果當彼此意見的歧異出現，而且溝通不成使得歧異加劇時，或許結束合作關係是比較務實的作法。很多人礙於朋友之間的情面，對於許多事抱著能委屈自己就委屈的心理，死守不撕破臉的原則，但是，委屈能否求全？沒有人有百分之百的把握。

對策

在人情上，如果真要拆夥，最好仍保持緣盡情還在的君子之交，畢竟在社會上，多一個敵人不如多一個朋友，尤其資訊SOHO族的活動範圍有限，日後照面的機會多得是。

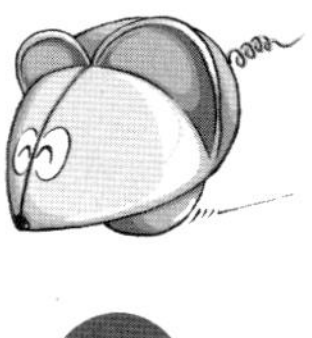

在法律上，退夥有一定的程序，一個有效力的退夥動作，通常必須在退夥前兩個月，寫好「存證信函」正式告知全體合夥人自己退夥的意念，但退夥後對合夥期間內已發生的債務仍應負責。因此要做出經營上關鍵性的決定前，千萬確定每位合夥人清楚事情的來龍去脈，責任是大家的，有什麼事藉由分攤也可以減輕一些負擔。

在此建議你，在財務上不妨每隔一季或半年輪流管理，每月詳列會計報表，透明化的財務管理流程，可以避掉彼此心裡的不踏實感。而且，再忙都不要忽略在二到四個星期裡，抽出一些時間與合夥人討論工作的現況與進度，同時也對接下來的工作一起做個規劃，如此一來，遇到困難才能即時發現，立即解決，進而在團隊中醞釀出歸屬感。

最後還是一句話，「天底下，所有組合都是分久必合，合久必分」。尤其當合夥工作室營運不佳時，當機立斷的做個結束，恐怕對每個人都好。

六、私財影響公款

九八年間許多大企業主，因為利慾薰心，偷天換日的挪用公款來圖利個人，投資一些風險高的標的物，而導致拖累本業，一再跳票跳得身敗名裂。

分析

同樣情況也可能發生在資訊ＳＯＨＯ族的身上，雖然你在資金運作上的失敗不會讓你上頭版頭條，但公私不分的做法，照樣會讓你焦頭爛額，生活過得捉襟見肘。

對策

在領到第一筆收入之前，你要先劃分出公私款的比例，你可以隨著工作室的營運狀況漸漸修正，在初期一定是以公用為優先。筆者不建議資訊ＳＯＨＯ工作者在獲得第一筆收入時，就悉數拿去買股票或基金，如果你執意進場，也誠心的建議你選擇績優股（即使在某些

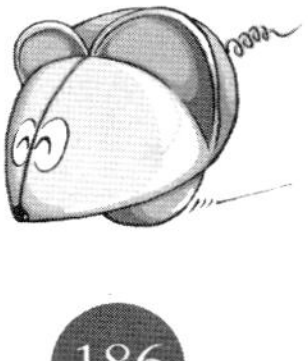

時間，績優股也不是聚寶盆！）及長期績效較穩定的基金公司，不過，良心的建議你先顧好本業，因為基礎打好還怕日後沒有源源不絕的生意嗎？

另外，國內參加民間自助會風氣極盛，所以被人倒會的機率也頗高，這類投資的盲點就是「知人知面不知心」，如果硬是不信邪，你倒是可以拿私人閒錢運作，以免傷害到公務的進行，如果你的工作室是採合夥制，拿公費做投資更是必須經過合夥人的同意。

提醒你，身邊一定要留些救急金，你才不會心慌慌。

七、積勞成疾健康亮起紅燈

人最怕「壯志未酬」，許多的抱負理想都因為沒有體力去達成而變為泡影，尤其現在許多疾病的發生年齡層有普遍降低的趨勢，如心臟病或高血壓，都不再是年長者的專利，如果營養攝取不均衡，再加上長時間坐在電腦前，你的健康很有可能提早亮起紅燈！

分析

當你一旦為了賺錢，將工作及體力視為發財工具，不眠不休的日也做夜也做，那本來心目中可愛的工作就要毀了你生命中最重要的資本——健康。有沒有必要為了錢，拚命接案子，拚命在期限內完成，壓榨自己的腦力與體力？是個見仁見智的問題，但平心而論，是有點不合算。

因為你應該壓縮的是時間的運用，絕對不是你的健康，所以如何善用時間，是破除沒有時間運動這個藉口的根本方法。許多人會推託說工作模式早已定型，因此屢次徘徊在無法改變及維持現狀之間，那麼筆者請你聽聽內心的聲音，答案其實就在你的心中，你知道怎麼做對你自己最好。

一般來說，資訊SOHO族常遇到的健康問題，多半肇因於長時間的固定姿勢，導致眼部或局部肌肉過度使用而功能提早減退，目前你或許感覺不到，但肯定的是，你一定會比同年齡的其他人早一步察覺個中差異。

對策

根據醫學研究報告，運動能幫助人們思考，太過緊繃的生活，反而會使你事倍功半。

想維持身體健康，你必須每星期規劃出一定的時間運動，挑出兩天或三天的下午打打籃球、游游泳、慢跑，或到韻律教室跳跳有氧舞蹈，都是經濟又方便的運動方式。

其實要運動不難，最難的是如何養成運動的習慣，如果運動在你的時間表上總是可有可無，你當然沒有運動的時間，所以，上上策是下定決心，運動去！保持良好的健康狀態沒有藉口，尤其是上下班界線並不明顯的你，更是沒有藉口。

八、經營失敗

有的資訊SOHO族當初太貪心，什麼業務都接，弄得自己分身乏術；有的是初次做生意，沒做市場調查就糊里糊塗的開業，最後落得黯然收場，這類例子不在少數。尤其是投入資訊SOHO業的人力愈來愈多，使得競爭愈來愈激烈，優勝劣敗的比例也大大增加。

分析

經營失敗對某些人而言是最嚴重的挫折，投下的資金不但沒有回收，甚至血本無歸，如果你找不出任何失敗的理由，那只能怪自己時運不濟！但找不出原因的失敗，實在是少之又少，你應該學著去正視它。

對策

如果你屬於打不死的蟑螂型，那你一定要徹底檢討失敗的原因，改變經營策略之後，俟機東山再起，世界上不少英雄人物都曾有過失敗的經驗，塞翁失馬焉知非福？檢討時，請不要吝嗇去問問別人的意見，通常自己看不出自己的盲點，若看得出來也就不會失敗了。

而既然是檢討，就不要怕痛，痛得越深刻，再出發的動力就旺盛。此外，審視經營過程時，要鉅細靡遺，否則失之毫釐差之千里。

失敗的原因常常隱藏在細微的疏失裡，舉例來看：硬體滯銷拖垮生意，有可能是市場預估做得不準確，使你進貨量抓得不對；客戶找過你一次就不再上門，漸漸變得門可羅雀，可能是你沒做好顧客服務，要不要考慮多走出去，主動關心顧客的需求為何，客戶永遠不會主動告訴你他們在想什麼。還有你可以試著將客戶當作朋友，如此一來，你對他們的關心就是自然而然，不顯尷尬的。

或在之前的往來過程中雙方溝通不良，有可能是你的溝通技巧太差，多看些溝通技巧的書籍，甚至與工作無關的報章雜誌，畢竟客戶百百款，不同的話題有時能打通不同的人際關係，先從話題資料累積開始，很合理吧！不妨問問親近的朋友，自己是不是有這方面的不足。

如果你是兵敗如山倒型，勸你還是看開點再回去做上班族吧！雖然錢財散盡，但做生意也是有賺有賠嘛！一次挫折也算是買到了經驗。

備忘錄

第十章

如何保持最佳狀態

軍事戰略中講究反制，
經營SOHO事業也不例外，
你的反制力來自於將自己保持在最佳狀態，
面對困難時能從容應付。

【最佳狀態加分表現】

所謂個人的最佳狀態，無非是身體健康、心情愉快，隨時保持迎向工作的鬥志。有了充沛的鬥志，所有問題的困難度都在你面前打了折扣。但是做為一個資訊SOHO族，所有內外大小事一把抓，不但勞心更要勞力，如何在追求收入穩定的同時，再保持身心及專業能力的最佳狀態，可能常讓資訊SOHO族有分身乏術的遺憾。

第一節　隨時吸收專業知識

如果專業能力落後同業，其他一切都免談。

一般來說，做了SOHO工作者之後，反而會比當上班族時多出較多時間，拿來充實專業知識不失是個好辦法。專門接多媒體設計案子的小慧坦白的說：「兩年來，錢沒多賺多少，但是有更多時間碰到問題，以及學習著去解決問題，當初進來這行真沒想到會有這個

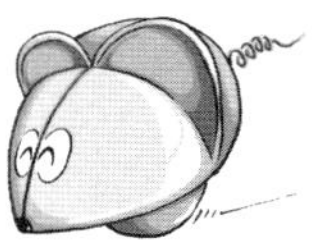

好處。」

一、人的格局要大

雖然，辦公室小，但是專門設計網頁的Eric認為「人的格局不能小。」平常Eric固定閱讀國內外專業雜誌，例如本地的PC家族、資訊電腦、網路通訊，國外則有Technology Review、PC World、MacWorld等介紹資訊新知，及PC Magazine介紹新器材的專業性雜誌，喜歡談一件事情時旁徵博引的他認為，國外的資訊發展終究比國內來得快，「如果客戶中有人與我談到資訊的新發展，而我卻連聽都沒聽過，自己會覺得很遜！我希望將標準訂得高一點」，有個突破的目標，才會不斷進步，「因為在家不比在公司，在公司有上司盯梢，有同事做比較。其實，現在只要客戶要求不多，資訊SOHO族的進步很容易遲緩下來，我不希望在原地踏步！」

二、讓求知欲氾濫

小慧也提到資訊SOHO族必須保持旺盛的「求知欲」，她認為不論是多媒體設計，還是電腦繪圖，一般人都還不是很了解，甚至大多數人對電腦有很強烈的恐懼感，所以，從在學校開始，稍微懂得如何使用電腦或清楚電腦性能的同學就常被其他人視為「救星」，「讚美的話聽多了，不知不覺限制住求知的欲望，那很可惜。」

不過也有人持不同看法，走電子商務行銷企劃路子的創元，抱持的理由是：「資訊業中的技術發展瞬息萬變，如果資訊SOHO工作者拿技術做賣點，一眨眼就被別人趕過去，所以，我認為技術只要在一般水準就可以，行銷才是重要，如果想賺錢，只在技術上鑽牛角尖，是鑽不出個所以然的。」

石欽元下班選擇以上課的方式充實專業知識；康佑成則是回到學校完成碩士學位。所以，如何在二者之間取捨？SOHO工作者應檢視自己的客層在哪裡，是打算以量制勝，還是走高品質服務的路線，專業技術追求與否的答案，才會浮現。陳嘉霖則是建議「多與同業

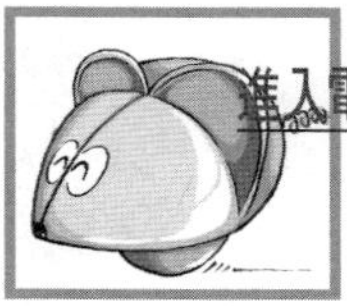

進入電腦SOHO之門 備忘錄

討論」，互通有無的網絡架構起來，獲得新消息的時差也就縮短許多。

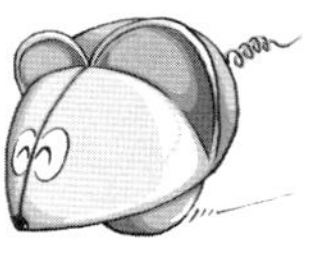

第二節　休閒活動活化創造力

萬事達卡區域總裁薛嘉樂曾指出：「資訊產品的發明，為人類創造出更多時間從事自己喜愛的休閒活動」，但是問十個資訊SOHO工作者，有九個會告訴你，他們沒有休假，連週末假日都在工作，你知道「健康為財富之本」這句老掉牙的話，關鍵就在你知道但不會去做。

【找藉口運動】

首先你必須知道如何「放鬆」，緊繃久了的你常常忘記怎麼放鬆，很簡單，只要將全身的力量釋放即可。放鬆時，先輕閉雙眼再不斷告訴自己摒除所有雜念。尤其你的脖子和肩膀用的力量最多，因此特別需要放鬆。著名的潛能開發大師卡內基放鬆自己的方式是「讓身體像一隻舊襪子一樣的鬆散」，試試看。

每個人偏好的休閒活動不同，有可能是最不受環境限制的慢跑，也有可能是低消費高享受的親近大自然，即使你是行動不便的朋友，也要提醒自己把握機會動動筋骨。休閒活動範圍很廣，無論是動是靜，只要能讓鎮日窩在電腦前的你舒展筋骨，讓你從直徑不到一公尺的工作空間釋放出來，都好。陳嘉霖固定一星期游泳兩次，算是相當健康的資訊SOHO工作者。

資訊SOHO族最常犯的毛病就是「定格」在電腦前兩三個小時以上，如果你說忙得連站起來活動活動的時間都沒有，這裡提供一個你沒有藉口的簡單運動法，請你將必備的物件放得離工作桌遠些，每次要用時都必須挪動本尊，達到改變姿勢的目的。

第三節　不干擾家人的生活方式

既然你已經選擇做一名資訊SOHO族，就可能多出許多與家人相處的時間，不要認為只有家人才會是干擾的來源，其實有很大的比例是你干擾到家人，怎麼說？李孫文的經驗是，工作時雖然人在這個空間裡，其實精神已經全部灌注到電腦語言上，家人講話甚至叫他吃飯都聽不見，家人往往覺得奇怪。但也因為這樣的習慣，家裡三個小朋友玩起來，他照做不誤，因為他根本充耳不聞！

一、晝伏夜出享受孤獨

不少資訊SOHO族必須趁著客户下班後才到客户的辦公室工作，或者趁著夜深人靜的時候，抓住源源不絕的靈感進行創作，所以日夜顛倒的情況不在少數，這一點常造成資訊

SOHO工作者的負擔，費盡口舌向家人解釋的機會不算少。

九八年初成為資訊SOHO族的石欽元，家人最不能接受他的晝伏夜出，所以他每天都要趕在老爸一大早起床前閃進房間，否則又是一陣數落，樂觀開朗的他倒是不以為意，認為自己能配合家人的作息就儘量配合。

二、夫妻共事約法三章

在筆者接觸過的資訊SOHO族中，大多數人對自己目前與家人的互動還算滿意，但台中張舒雅卻有不同的想法，由於夫妻兩人都是資訊SOHO族，在沒有假日的情況下，全心全意陪伴小孩的時間少之又少，她對這一點還是有些難以釋懷，雖然家人都很配合，婆婆幫忙帶孩子，也渡過了最難熬的一段時間，所以，她希望有一天能專注在本業，上下班時間固定些，才有時間和孩子相處。

張舒雅還提到夫妻兩人每天工作在一起，看的事情相同，談的事情相同，回到家反而沒什麼特別的話題，兩人驚覺到這一點後約法三章，回到家絕口不提公司裡的事，不過理想仍舊是理想，要做到還是得花些工夫。連啓宏的例子就比較不同，雖然太太也是幫他，但太太還要兼顧自己的工作，所以還不至於需要藉著約法三章來避談公事。

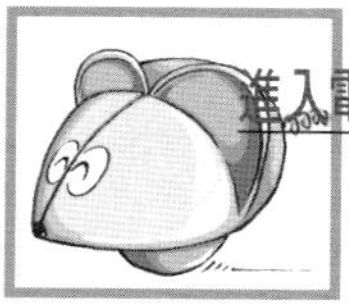

進入電腦SOHO之門

備忘錄

第四節　悉心呵護你的事業

能成為一名資訊SOHO工作者，你的專業技術通常不是你經營工作室時的主要問題，反而是如何「經營」讓你一個頭兩個大，俗語說「守成不易」，經營事業確實是一門大學問。

一、吃緊弄破碗

顧客太少令人苦惱，客户太多又忙不過來，就有不少資訊SOHO族，為避免「吃緊弄破碗」的情況發生，反而選擇不要做太多的宣傳，尤其大部份資訊SOHO族都將作品，當成自己的孩子，他們認為既然接下一個案子，就要認真的完成，否則一世英名毀於一旦不合算。所以，如果你也是屬於這樣的個性，在你不打算或還沒找到合適對象下包之前，要不要做宣傳，值得你三思而後行。

經營事業最好能細水長流，尤其是SOHO這一行，在你投入之前，逐漸建立起你的人際網路，開業之後則是悉心呵護，暴起暴落的經營方法過於冒險，未必是長久之計。

二、打開你所有感官

入門之後，要打開你的所有感官，多聽、多看、多說且言之有物，看到哪裡有客户就往哪裡去，最好是能先別人一步看到隱藏的客户，聽到政府或哪個企業又釋放出一些新商機，凡是能利用的就要義不容辭的把握；對搖擺不定的客户，你能得體的向他說明你的實力，不讓機會泡湯，都是你用心的經營之道！

很多資訊SOHO族經營一段時間後會疲乏，當初戰戰兢兢的企圖心，往往在不知不覺中消失，如果你發現你每天的生活沒有新的挑戰，建議你別再浪費時間，趕快檢視一下你經營事業的方式，或許你又面臨工作的瓶頸囉！

第五節　財務調度

如果你從事資訊SOHO業是為日後擴大經營版圖做準備，那建議你可以早些在銀行裡有信用紀錄，每位企業家都知道「信用是企業的生命」，以往死不向銀行借錢的過時觀念可以稍作修正，尤其當你有能力償還的時候，何妨拿些資金出來為日後借大錢鋪路呢？錢要流動讓它發揮更大的功用才是上策。

【建立銀行信用】

其實每家銀行對有固定收入，且能提出不動產值押的貸款人向來歡迎，而且，資訊SOHO族剛開始向銀行借錢時數額不會太大，銀行對幾十萬或百餘萬的貸款申請所設門檻甚低，國內大多數銀行的低利貸款，多半以週轉金、國內信用狀、短期放款、一般工商貸款的形式提供給需要小額資金的客户，很符合剛入門的資訊SOHO族需求，若你有興趣了解各家銀行貸款的細節，可以與各家銀行的信用貸款部門查詢，通常貸款手續都很簡便，甚至連擔保品都不必。

除了借錢外，有一本支票簿也是一個好方法，首先，你能有支票簿就代表你在銀行已擁有一定的債務信用紀錄，或許來自於你先前固定的收入，也可能是你從前持有某家銀行的信用卡紀錄。一旦有了支票，你的債信又開始加倍累積，對你日後借錢，絕對有加分的幫助。

第十一章

以理財概念為後盾

一旦成為資訊SOHO族，
不僅無法享受拿到年終獎金時，
那種謎底揭曉的快感，
月初還是月終對你再也不具任何意義。

一般人要懂得如何理財，SOHO工作者更要懂得如何理財，因為收入不再按時匯入戶頭，連猜測年終獎金發幾個月的機會都沒有，怎能不了解理財之道？靈活的調度資金，對一向鑽研在程式中的資訊SOHO族來說，可能是比較陌生的領域，小艾就無奈的認為雖然有做財務規劃，但並不確實，以致誤差很大。

資訊SOHO族的理財分為兩大類，一是如何將公、私兩方的財產做明顯的區隔，二是區隔開來後，又要如何在現有資產上孳生更多利息，不想被定存綁死的你，又有哪些選擇，這都將在本章中為你介紹。

第一節 幫自己一個忙——公、私財分開管理

剛加入SOHO族行列的夥伴們，應將理財重心放在「公款」上，因為公款的運作狀況不佳，不僅影響到收益，也會打擊到繼續做下去的信心，如果影響到辛苦打下的基礎，功虧一簣，那就太不值得。就算抱著以私財補公款的心態，也非長久之計，因為沒有一位小本經

營的資訊SOHO工作者，可以靠「假私濟公」撐下去的。

至於，SOHO工作者最容易陷入的「國庫通私庫」窠臼，原則上還是能避免就盡量避免。

一、商務卡不可少

由於資訊SOHO族在金錢使用的劃分上，很難做到百分之百的公私分明，這在會計上是個很糟的現象，在此特別給你一個良心的建議，辦張商務卡吧！

你可以在採買配備或支出所有與公務有關的費用時使用商務卡，自然而然幫助你做到記帳及控制預算的工作。現在有些發卡公司還能幫你用電腦記錄採購明細，只要幾秒鐘，你就能清楚所有支出名目及時間。

二、雖然繁瑣還是必須記帳

此外要使收支平衡一目了然，就要做現金流量的管理，講到管理，有些例行工作就省不得，最直接的動作就是記帳，其功能類似公司中的財務報表，將所有金錢流動的來龍去脈詳細列下，以有效控制預算，因為既然是home「office」，就表示你還是要維持著某些辦公室的規矩，確定麻雀雖小但五臟俱全，因此必要的手續省不得。

不論未來是持續SOHO工作或是籌組個人公司，將收入的一部份用來投資理財是必要的。首先，計劃一下收入中儲蓄的比例。儲蓄，不僅是資深SOHO族會做的動作，SOHO族新手更該以儲蓄為理財的主力，除非你很了解詭譎多變的臺灣股市，否則沒有一定的積蓄前請稍安勿躁，選擇一家利率較高的銀行放著生點利息後再慢慢邁開下一步。

至於個人理財部份，更不限於以錢滾錢的狹窄定義，儲蓄與保險規劃、如何節稅、個人退休的基金分配等等，都屬於理財範圍之內。

第二節　籃子裡多放些雞蛋

選擇投資方式，是基金好還是股市好？完全看個人偏好，不過，ＳＯＨＯ工作者能分心注意股市漲跌的時間有限，相較之下，基金還是比較節省人力的投資理財方式，除非你有另一半或值得信賴的親友替你留意盤中走勢，否則，因為投資影響主業得不償失，就算要進出股市，也要以不貪心為最高指導原則，慎防走火入魔。

一、投資基金的選擇

表十一～一　資訊ＳＯＨＯ工作者的基金理財選擇

基金類型／每月收入	國內開放基金	海外開放基金
三～五萬	平衡型基金	全球債券型基金

六～九萬	一般股票型基金	全球股票型基金
十～十四萬	科技基金、一般股票型基金	亞洲區域型或新興市場基金
十五萬～二十萬	債券型基金、科技基金	亞洲區域型或單一國家基金

資料提供：光華證券

◎各類國內基金

國內基金的種類大致分為平衡型、股票型、科技及債券四大類，平衡型基金的投資標的物是股票及債券平均分配；股票型則完全放在上市公司的發行股票上；科技基金則是在國內以第三類股上市的科技公司為標的，將這一類拉出來成為一大類，實在是因為近來投資該類的風氣熾熱；而債券基金就是以投資債券為主。

A.平衡型：國際萬全、光華鴻利、建弘廣福、中華安富

B.一般股票型：國際精選二十、國際第一、光華成長、中華中華、元大多福、京華威鋒、元富高成長

C.科技基金：元大高科技、國際電子、京華高科技、元富科技島、怡富新興科技、臺灣新光創新科技、大眾領航科技

D.債券型：國際萬寶、光華鴻揚、建弘全家福、中華成龍、元大多利、京華獨特、統一強棒、富邦如意、寶來公元得利、法華盈滿

◎各類海外基金

大部份的海外基金是以地區區分，有全球型、區域型及單一國家型，一般來說，選擇全球型基金可享有分散風險的好處，不過想擁有較高獲利的你，「錢」景看好的單一國家型反而能有創造較高的獲利額度。

A.全球債券型：國際萬通

B.全球股票型：國際全球、建弘全球、中華萬邦、中信全球、怡富全球龍揚

C.亞洲區域型：光華新馬、京華亞太三喜、元富亞太、怡富亞洲

D.新興市場基金：怡富新興日本、臺灣新光日本、光華泰國

E.單一國家基金：建弘馬來西亞、統一美國債券、怡富新興日本

二、投資不行放牛吃草

基本上，購買基金的「中心思想」就是籃子雞蛋理論——分擔風險。

一般來說，你承受風險的能力，與你手中握有的閒置資金多寡成正比，閒置資金越多，你能分配運用的種類就越多，也較能承受一些風險。表十一～一就以你的每月收入多寡做分類，當然投資金額及投資與否，還涉及個人的個性，是保守還是勇於冒險犯難，有可能你月收入二十萬，但你還是選擇零存整付或定存，但就長遠的獲益來看，規劃部份的閒錢做投資並不影響你的整體理財。

選擇投資標的物，第一步要選擇自己看好的產業，量力而為的鎖定類別後；接著就是廣泛比較各家基金的投資標的，及交叉比對你中意的投信公司的長期績效，長期績效相當重

要，因為經得起考驗的投信公司才有保障；最後，提醒你，買下基金後不能放牛吃草，還是必須偶爾看看大盤走勢，以免錯過加碼或脫手的時機。

不過，購置基金還是一句老話，是長期投資而不是走短線的投機。於公，SOHO族不妨將基金視為採買或更新工具的來源；於私，也是籌備退休金及孩子教育金的好方法。

第三節　理財新招——保險

一談到投保，最常用的開場白就是用帶有恐嚇意味的「天有不測風雲」，不過這招太遜！畢竟投保與否最要緊的是你個人看不看得見需求。

今日的保險概念已大大不同，新的保險觀是希望你將它視為另一種有計劃的智慧型理財工具，所以有的保險設計在數年後可以還本，有的可以按年或按月提領利息，目的讓你在擁有健康生活的同時仍「有利可圖」。SOHO族大可以精挑細選，在五花八門的保險套餐中，揀出自己最滿意的類別。

無論你是兼職或全職的資訊SOHO工作者，只要你月收入中有一部份是不固定的，都可參考表十一～二，表中的欄目分層鎖定在從事SOHO人口年齡層最多的十七歲至五十歲之間，月收入則設定在三萬到二〇萬之間。

表十一～二　資訊SOHO族每月建議投保比例一覽表

收入／年齡	17～20歲	21～25歲	26～30歲	31～35歲	36～40歲	41～45歲	46～50歲
三～五萬	10%（L）5%（E）	10%（L）5%（E）	10%（L）5%（E）	12%（L）10%（E）	12%（L）10%（E）	15%（L）15%（E）	15%（L）18%（E）
六～九萬	10%（L）10%（E）	12%（L）10%（E）	12%（L）12%（E）	15%（L）15%（E）	15%（L）15%（E）	18%（L）18%（E）	18%（L）18%（E）
一〇～十四萬	10%（L）15%（E）	12%（L）15%（E）	12%（L）18%（E）	15%（L）18%（E）	15%（L）20%（E）	18%（L）20%（E）	18%（L）20%（E）
十五～二〇萬	10%（L）20%（E）	12%（L）20%（E）	12%（L）20%（E）	15%（L）22%（E）	15%（L）22%（E）	18%（L）24%（E）	18%（L）24%（E）

資料提供：新光人壽，說明：（L）表示人壽型保險（E）表示退休型基金保險

剛出社會的二十四歲青年，如單月收入只有五萬元，可挪用收入的百分之十買人壽型保險，搭配百分之五的退休型基金保險，或依個人偏愛的方式在二者間購置其一。自表中很明顯看出，年紀過了三十歲，必須自收入中挪用的保費比逐漸上升，這也是為什麼規劃保險必需把握時機的原因！

根據表十一～二，規劃師桂永慶分析表示，因為資訊SOHO族沒有公司的退休金做為職場生涯告一段落後的支援，所以及早選購保險中較基本的壽險及退休型基金保險是相當務實的作法。

第四節　節稅不是大富翁玩的遊戲

節稅的動作有可能很瑣碎，但只要牽涉到金錢，再麻煩的事都必須不厭其煩。臺灣的營業稅賦分為營業稅、營利事業所得稅、稅務規劃三部份。

一、營業稅

首先先談發票，是否要準備自己的發票？

你或許會想出請客戶以薪資代扣所得稅的方法，但長久下來不見得划算，也可能找有公司登記的朋友代開發票，但若非是至親好友，還有可能依一般行情每個月多付些額外的費用。最划算的方法似乎就是最規矩的辦法——以個人工作室名義申請發票。

依資訊SOHO族的營業內容分，營業稅率為五％，每兩個月依開出的統一發票計算當

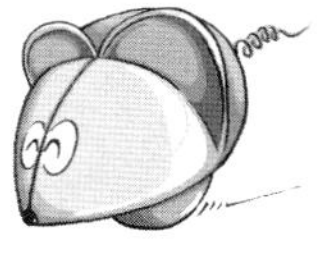

期銷項稅額，減去得扣抵的進項稅額，於次期開始十五天內填具申報書、繳納。不過，依政府規定，月營業額在二十萬元以下的營利事業免開發票，而採定額課稅，由稽徵機關按查定的營業額，乘以適用稅率，計算出營業稅額，每三個月發單課徵。

二、營利事業所得稅

與營業稅不同的是，所得稅是當有盈餘，也就是純益額時才需繳納，沒有則免。

由於資訊SOHO族的工作室規模較小，就成本效益分析，不必請會計，只需委託在職業道德上具有口碑的可靠會計師或記帳業者代為處理即可。

三、稅務規劃

稅務規劃的重點，當然是清楚各納稅方法，再選擇納稅現值最低者。在現行稅務法規中，常被人採用的稅務規劃機會有下列幾種：

1. 選擇存貨或有價證券等計算方法。
2. 選擇折舊。
3. 提列退休金準備。
4. 提列外幣兌換損失（筆者按：如果你購買外幣）準備。
5. 留下所有幫助你減免的單據，也是必要的做法，例如：國內外捐款、海外投資、醫院就診收據或保單等。

第五節　編列個人退休基金

當政府還沒有為資訊SOHO族增訂出任何法律保障條文，以及臺灣既有的社會福利又做得七零八落前，選擇作為資訊SOHO的這段期間，其實是你職業生涯中的一斷空窗期，你沒有累積任何退休後的退休福利金，因此一切都得自求多福，若將資金全部投注在事業周轉，而忽略固定挪出部份收入做退休金，恐怕老年的日子會不太好過。

所以，應該趁早計劃做長期投資。瑞士聯合銀行副董事長劉台芬建議，最好考慮透過銀行的開放型基金，做每個月定期定額的投資，例如每個月五千元或一萬元的加碼，數十年後，自然是一筆可觀的退休金。舉個例，每月投資一萬元，以平均複利報酬率百分之十五計算，三十年後將有七千萬元的退休金，若經過百分之四的平均通貨膨脹調整，這筆錢三十年後，約有今天三千五百萬的購買能力。

因此，基本上每個月拿出一筆錢，無論是買基金還是存定存，都是未雨綢繆的最佳辦法，資訊SOHO族千萬省略不得！

第十二章

資訊SOHO業前程似錦

嘿！怎麼樣？你開始準備做一位資訊SOHO族了嗎？在看過那麼多實際例子之後，希望你的腦海中已對資訊SOHO業有了比較清楚的輪廓，可是話說回來，所有的酸甜苦辣都只有靠你自己嘗過才能感受深刻。

未來資訊SOHO業中仍有許多發展機會，因為隨著政府對網路頻寬加寬的承諾、新科技發展及應用加速奔馳的趨勢，某些人力市場萎縮可期，但資訊SOHO族反而會不減反增，因為很明顯的，電腦、通訊，及消費性電子產業都呈等比級數的速度向上攀升，一旦臺灣資訊高速公路的計劃完成，各類產業及民間對技術嫻熟的資訊科技人必定有龐大的需求量，到那時，也就是不遠的將來，你，就是他們亟於網羅的對象！

最後再次建議你，在資訊SOHO業的發展前景上你不必過份擔憂，比較重要的反而是事前人脈的鋪陳及自身能力的培養，因為這兩項的擁有與否決定了你開業初期能否做得比較順手，當然讓你跨出第一步的「勇氣」或說「衝動」，也扮演著舉足輕重的角色，雖說這可能關乎個人天生的性格，但是請想想能有個要靠自己一手拉拔及呵護的事業，真的值得你多鼓起點衝勁也不覺浪費！

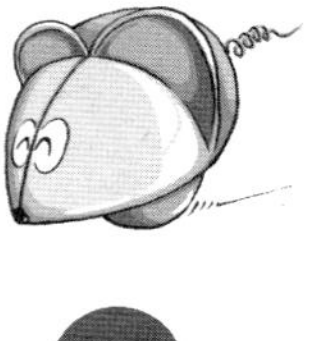

附記

張舒雅及康佑成的電子郵件信箱：yaya@if.com.tw
陳嘉霖的電子郵件信箱：charles@if.com.tw
連啓宏的電子郵件信箱：eddie@if.com.tw
李孫文的電子郵件信箱：listenwon@a-vip.com
石欽元的電子郵件信箱：abv302@ms3.hinet.net

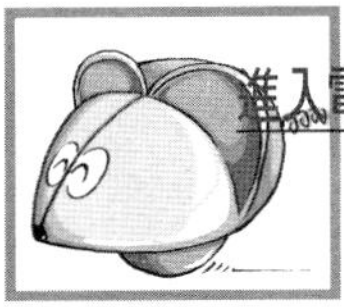

進入電腦SOHO之門

備忘錄

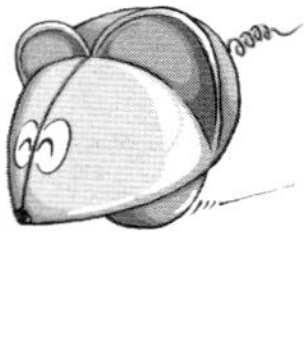

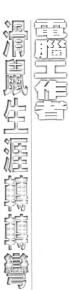

請沿虛線剪下，對折裝訂後寄回

北區郵政管理局
登記証北台字第9125號
免 貼 郵 票

大都會文化事業有限公司
讀者服務部 收

110 台北市基隆路一段432號4樓之9

寄回這張服務卡(免貼郵票)
您可以
◎ 不定期收到最新出版訊息
◎ 參加各項回饋優惠活動

請沿虛線剪下，對折裝訂後寄回

大旗出版・大都會文化　讀者服務卡

書號：CM006　**電腦工作者　滑鼠生涯轉轉彎**

謝謝您選擇了這本書，我們真的很珍惜這樣奇妙的緣份。期待您的參與，讓我們有更多聯繫與互動的機會。

讀者資料

姓名：＿＿＿＿＿＿＿＿＿＿＿＿ 性別：□男　□女

身份證字號：＿＿＿＿＿＿＿＿＿＿ 生日：　年　月　日

學歷：□國中　□高中職　□大專　□大學（或以上）

通訊地址：＿＿＿＿＿＿＿＿＿＿＿＿＿＿＿＿＿＿

電話：（H）＿＿＿＿＿＿＿＿ (O)＿＿＿＿＿＿＿＿

※ 您是我們的知音。所以，往後您直接向本公司訂購（含新書）可享八折優惠。

1.您在何時購得本書：　　年　　月　　日

2.您在何處購得本書：

□書展　□郵購　□書店　□書報攤　□便利商店　□量販店

□其他＿＿＿＿＿＿。

3.您從哪裡得知本書（可複選）：

□書店　□廣告　□朋友介紹　□書評推薦　□書籤宣傳品等

4.您喜歡本書的（可複選）：

□內容題材　□字體大小　□翻譯文筆　□封面設計

□價格合理

5.您希望我們為您出版哪類書籍（可複選）：

□旅遊　□科幻　□推理　□史哲類　□傳記　□藝術　□音樂

□財經企管　□電影小說　□散文小說　□生活休閒　□其　他

6.您的建議：＿＿＿＿＿＿＿＿＿＿＿＿＿＿＿＿＿＿

＿＿＿＿＿＿＿＿＿＿＿＿＿＿＿＿＿＿＿＿＿＿＿＿

＿＿＿＿＿＿＿＿＿＿＿＿＿＿＿＿＿＿＿＿＿＿＿＿

電腦工作者　滑鼠生涯轉轉彎

作　　者：王潔予
發 行 人：林敬彬
企劃主編：丁　奕
執行編輯：簡玉書
美術編輯：張美清
封面設計：張美清

出　　版：大旗出版社　　局版北市業字第1688號
發　　行：大都會文化事業有限公司
台北市基隆路一段432號4樓之9
電話：02-27235216　傳真：02-27235220
e-mail ：metro@ms21.hinet.net
郵政劃撥：14050529　大都會文化事業有限公司
出版日期：1999年9月初版第1刷
定　　價：200元

ISBN：957-8219-05-9
書號：CM006

國家圖書館出版品預行編目資料

電腦工作者滑鼠生涯轉轉彎／王潔予作.
初版 -- 臺北市；大旗出版；大都會文化發行,
1999〔民88〕
面；公分——（工商企管系列；6）

ISBN 957-8219-05-9（平裝）

1. 職業 2.創業 3.電腦資訊業

542. 77 88005423